NOTICE

SUR

L'ABBAYE DE CAPBIS

DÉPENDANCE DE L'ABBAYE DE SAUVELADE

DE 1127 A 1792

PAR

TERRÉ

ANCIEN INSTITUTEUR ET SECRÉTAIRE DE MAIRIE

PAU

IMPRIMERIE ET LITHOGRAPHIE VERONESE

RUE DES CORDELIERS, IMPASSE LA FOI

—

1870

NOTICE

SUR

L'ABBAYE DE CAPBIS

DÉPENDANCE DE L'ABBAYE DE SAUVELADE

DE 1127 A 1792

PAR

TERRÉ

ANCIEN INSTITUTEUR ET SECRÉTAIRE DE MAIRIE

PAU

IMPRIMERIE ET LITHOGRAPHIE VERONESE

RUE DES CORDELIERS, IMPASSE LA FOI

1870

NOTICE

L'ABBAYE DE CAPBIS

DÉPENDANCE DE L'ABBAYE DE SAUVELADE

DE 1127 à 1792

PREMIÈRE PARTIE

ADMINISTRATION DES ABBÉS RÉSIDANT A CAPBIS

CHAPITRE PRÉLIMINAIRE.

Dans le XIᵉ siècle, Pierre l'Ermite, gentilhomme picard, témoin des vexations qu'éprouvaient les chrétiens de la Terre Sainte, revint en Europe et exposa leurs besoins. Ses discours pleins de zèle émurent tous les cœurs, et le peuple s'engagea à aller défendre des frères persécutés. Rois, seigneurs et vassaux répondent à la voix du saint homme, et promettent de reconquérir à la vraie religion une terre arrosée du sang auguste du fils de Dieu et d'autres martyrs. Ils prennent la croix et se dirigent vers les saints lieux.

La première expédition ne fut pas heureuse; car une armée si considérable, composée d'hommes de plusieurs nations, différents de mœurs et de langage, après laquelle se traînait une foule de curieux, ne pouvaient tous subsister qu'au détriment du pays par où l'on passait. Il n'est donc pas étonnant si Dieu ne bénit point ce projet.

Bientôt après, une armée mieux organisée et mieux disciplinée, sous la conduite d'un habile chef, Godefroi-de-Bouillon, arriva aux saints lieux et remporta une glorieuse victoire sur les infidèles qui profanaient ces lieux sacrés et les en chassa. Ce digne chef, de la voix unanime de l'armée, fut proclamé roi de Jérusalem.

Que de vœux ! que de promesses ces seigneurs guerriers ne faisaient-ils pas à Dieu, soit pour leur conservation personnelle, soit pour la sainte cause qu'ils défendaient ! Tant d'établissements religieux dont se couvrit la France, sont autant d'*ex-voto* sortis du cœur de ces valeureux chefs, soit avant, soit pendant le danger où ils se trouvaient; et Capbis étant sortie d'un de ces vœux, nous allons esquisser les circonstances dans lesquelles elle s'est trouvée depuis son origine.

CHAPITRE 1er

—

XIe SIÈCLE.

—

Capbis.— Ex-voto de Gaston IV, prince souverain de Béarn.

A son retour de la croisade, chaque seigneur s'empressa d'accomplir son vœu, et Gaston IV, prince souverain de Béarn, associant à ses œuvres pies Thalèze, sa dame, et Centulle, son fils, fonda en 1127, en faveur des frères de Saint-Benoît, de l'ordre de Citeaux présents et à venir, l'abbaye de Sauvelade, dans la forêt du Haget, ainsi qu'il résulte de la pièce que nous copions :

« Il était juste et raisonnable que Gaston songeât à se réfléchir
» et rendre grâces à Dieu des heureux succès et des victoires
» avantageuses que les chrétiens avaient remportées sur les infidèles
» ou Sarrasins, par la force et la générosité de son conseil et de
» ses exploits; c'est pourquoi, il revint en Béarn l'année 1127, et
» ne pouvant vivre sans témoigner les effets de sa piété, fonda au
» diocèse de Lescar, l'abbaye de Sauvelade, en compagnie de Thalèze,

» sa femme, de Centulle, son fils, laquelle il dédia à l'honneur de
» Dieu et de sainte Marie ; y établit un moine nommé Élie, de la
» règle de St-Benoît, ordre de Citeaux, la dota du territoire de
» Sauvelade, de cent sols de rente, de trente corvillons, qui valent
» cent cinquante conques de sel à prendre au lieu de Salies et de
» soixante barriques de cidre ou pommade, qu'il assigna sur toutes
» ses rentes. Les termes de l'acte de fondation sont ceux-ci :

    » Au nom de Dieu,

    » Attendu que par la faute de notre premier père, nous sommes
» comme bannis, n'avons aucune demeure stable et ferme en cette
» vie, et que les choses visibles ne sont à personne en propriété,
» mais qu'elles passent de l'une main à l'autre pour l'usage de ceux
» qui s'en servent, et que, d'ailleurs, appréhendant ce que le Seigneur
» dira au dernier jour à ceux qui seront séparés vers la main gauche:
» *Retirez-vous de moi d'autant que je ne vous connais pas.* Et le
» psalmiste parlant des mêmes: *Ils ont dormi leur sommeil et
» n'ont rien trouvé.* Tel à la porte : *Les puissants recevront les
» peines puissamment.* Désirant aussi me faire des amis de la mé-
» moire d'iniquité, afin qu'ils me reçoivent aux tabernacles éternels
» après que j'aurai défailli, et que là je mérite d'ouïr avec les justes:
» *Venez les amis de mon Père posséder le royaume.* Et ceci : *courage
» bon serviteur, je t'établirai sur plusieurs choses.*

    » Je, Gaston IV, vicomte de Béarn, et ma femme Thalèze, et mon
» fils Centulle, donnons à Dieu et à sainte Marie, et à Don Élie, et
» à ses frères serviteurs de Dieu, présents et à venir, un lieu pour
» y habiter dans les forêts nommées Hajet, en l'endroit appelé
» Sauvelade qui m'appartient par droit héréditaire. Nous don-
» nons aussi et octroyons, dans la même forêt, soit dans la plaine
» ou dans les boscatges (bocages), tout ce qui sera nécessaire pour
» bâtir maisons, pour labourage et pour la nourriture du bétail de
» quelle condition qu'il soit, sans qu'ils soient tenus de prendre
» congé pour ce faire. Nous leur accordons aussi d'y dresser des
» étangs et des moulins, si bon leur semble et qu'ils puissent le
» faire, et sur les rentes qui nous appartiennent de droit paternel,
» cent sols dutéviens et trente corvillons de sel à la ville de Salies,
» et soixante barriques de cidre et pommade. Témoins de cette
» donation : Guido, évêque de Lescar; Fortaner d'Escaut; Garcias
» de Monheih et plusieurs autres qui étaient présents et ont fait les

» signes de la croix de leurs propres mains. L'an de l'incarnation
» mil et cent vingt-sept et le huitième des jours d'avril. »

Il y avait deux lieux appelés Haget, l'un était le Haget d'Oloron
et l'autre le Haget de Buzy, c'est à ce dernier que s'applique la
donation.

Ce Haget était une vaste forêt qui s'étendait depuis St-Pé-de-
Geyres (Bigorre) jusqu'à Buzy (Béarn). Les Bénédictins de Sauvelade
s'établirent à la source du ruisseau Béez d'ou dérive le mot Capbis,
(Cap deü Béez) au pied des Pyrénées, parce que ce lieu était le
plus fréquenté, se trouvant sur le chemin qui longe la montagne
d'Oloron (Iluro) à Lourdes (Oppidum-Novum); ce chemin était connu
sous les noms : d'Ossalois, d'Oloronais et de Sempérés (de
Saint-Pé).

Les abbés Bénédictins bâtirent sur cette terre un monastère avec
une chapelle dédiée au culte de l'immaculée mère de Dieu, et atti-
rèrent autour d'eux de nombreux colons qu'ils appelèrent *donats*.
Lorsqu'ils virent qu'eux et leurs colons pouvaient vivre dans une
modeste aisance, ils voulurent asseoir sur des bases solides leur
établissement, et procurer aux donats des moyens pour développer
leur industrie agricole et pastorale.

Ils s'adressèrent au prince souverain de Béarn et lui exposèrent
les besoins tant de l'établissement que des donats: le prince, accueil-
lant favorablement leur demande, et désireux aussi de favoriser le
nombre des travailleurs, fixa les droits et les limites du territoire de
Capbis par une donation de 1195.

Mifaget.

Les Templiers, ordre de moines guerriers, s'établirent juste au
milieu de la forêt du Haget et bâtirent en ce lieu un monastère et
un hôpital pour y recevoir les voyageurs égarés. C'était pendant la
nuit et à toutes les heures, que les moines résidant en cet établissement devaient sonner la cloche (1), suspendue alors à un chêne,
pour avertir ceux qui traversaient la forêt qu'un asile sûr et des
secours les attendaient dans ce lieu élevé par la munificence de leur
seigneur. Ce lieu tire son nom de Micy-Haget, qu'on a longtemps

(1) Cette cloche fêlée fut refondue en 1865.

écrit en deux mots unis par un trait-d'union ; c'est Miſaget d'aujourd'hui.

A cause de cet établissement si commode pour les passants surpris par la nuit, la route qui passait par Capbis fut presque abandonnée.

CHAPITRE II

XIIe ET XIII° SIÈCLES.

Etablissement des communes voisines de Capbis.

1° Asson.

Sur la fin du douzième siècle et au commencement du treizième, sur les rives du ruisseau l'Ouzom, s'étaient élevées dix-sept maisons. Leur aspect montrait assez que ces nouveaux habitants étaient diligents et de bons travailleurs. Le prince souverain de Béarn, qui aimait à visiter ses vastes domaines et les établissements que lui et ses aïeux avaient fondés, fut surpris de voir ce groupe de maisons qu'on avait bâties à son insu. Il en témoigna sa surprise aux gens de sa suite par cette aspiration : *Eh ! aço !* qui veut dire : Eh ! et çà ? Les gens de sa suite lui répondirent: Eh bien ! ce lieu s'appellera *Assoo*, nom qu'on a bien longtemps écrit de cette manière. C'est Asson d'aujourd'hui.

Loin d'être fâché de ces usurpations, le prince les encourage, promet d'augmenter la peuplade, et, en l'année 1232, il leur donna des priviléges et la moitié des vastes territoires environnants.

2° Sainte-Colome.

Sainte-Colome date de la même époque.

XIVe SIÈCLE.

3° Lobier ou Louvie-Juzon.

A l'entrée de la vallée d'Ossau, s'était élevée une bourgade sur la rive droite du Gave. Ce lieu était sans doute célèbre par le passage des loups, et par la prise qu'on y faisait de ces animaux carnassiers. C'est peut-être cette circonstance qui le fit appeler *Lobier* (loup-vient), aujourd'hui Louvie-Juzon. Quoi qu'il en soit, les habitants de ce lieu, pour éterniser ce dit-on, ont représenté cet animal féroce au clocher de leur église; on le voit encore aujourd'hui.

Cette communauté obtint du souverain de Béarn l'afflèvement de son territoire par acte du 23 juillet 1352.

Les trois communautés qui précèdent, dont l'étendue commençait, à l'Est, à la Bigorre (St-Pé-de-Geyres et le Gave de Pau), s'étendait jusqu'au Gave d'Ossau, à l'Ouest ; c'est d'après les actes que nous venons de citer, qu'elles procédèrent au bornage de leurs vastes territoires; elles placèrent une borne à la grande prairie de Micy-Haget (Mifaget), sur une pièce appelée *Pré-de-Fondeville*, borne qui a été enlevée, en 1838, par un nouveau propriétaire. Cette borne formait une ligne droite avec le ravin appelé *Canaoü de Lèbe*, ravin qui formait la limite naturelle des montagnes dites d'Asson et de Louvie-Juzon. La partie Est de cette borne formait le territoire d'Asson jusqu'au Gave de Pau et la Bigorre, et la partie Ouest formait les territoires de Louvie et de Ste-Colome jusqu'au Gave d'Ossau. Ces deux communautés avaient pour limite naturelle un chemin appelé *Deoü Seignou* depuis Mifaget jusqu'au Gave d'Ossau. Louvie-Juzon était situé au Sud de ce chemin et Ste-Colome au Nord.

Par suite de cette délimitation, le territoire de Mifaget fut englobé au territoire des trois communautés, et celui de Capbis, en ceux d'Asson et de Louvie-Juzon.

4° La Nabère-Bastide ou Brud-gez, plus tard Bruges.

Sur la fin du quatorzième siècle, et à environ trois kilomètres Nord-Est de Mifaget fut bâtie une baraque en planches, où l'on débitait du cidre ou du vin, que les passants appelèrent *Haginat,* qui, en termes du pays, veut dire le petit d'une fouine. Dire de qui cette baraque était le refuge serait chose inutile; le nom seul qui lui fut donné, dit assez l'importance que l'on attachait à cet établissement. Nous rapporterons seulement ce qu'en dit la tradition qui nous a été transmise.

Dans cette baraque il y avait, tant le jour que la nuit, des personnes ivres, d'où il résultait des bruits et des tapages infernaux. Les passants avaient toujours à souffrir d'une pareille rencontre ; si par hasard quelqu'un d'entr'eux (car un seul n'y passait jamais) disait : *Si beberem u cop aci, quens daré drin de force ? Nanni, respounen-om, brud gez toustem d'aquiü, passem en d'aban.* Ce qui veut dire : Boirions-nous un coup ici, ça rétablirait nos forces? Non, répondait-on, le bruit sort toujours de là, passons en avant.

De pareilles habitations s'élevèrent à côté de la première, et Gaston-Phœbus, prince souverain de Béarn, allant, comme ses prédécesseurs, visiter l'hôpital de Mifaget, voulut, mais en vain, appeler ce groupe de maisons *La Nabère-Bastide* ; il fallut lui laisser le nom que les passants lui avaient donné, celui de *Brud-gez* qu'on a très longtemps écrit en deux mots : c'est Bruges d'aujourd'hui.

Le prince, pour favoriser cette communauté naissante, démembra son territoire de celui d'Asson, et le confirma à leurs usurpateurs par lettres patentes du 13 mars 1360, et lui accorda, en outre, des priviléges sur Asson, Louvie et Castet.

C'est depuis cette époque que le territoire de Capbis est environné des communes d'Asson, de Bruges et de Louvie-Juzon.

5° Arthez-d'Asson.

XVIe XVIIe ET XVIIIe SIÈCLES.

Le marquis d'Incamps-de-Louvie, seigneur de Louvie, avait affévé, par acte du 17 décembre 1588, le huitième des communaux d'Asson que le prince souverain de Béarn n'avait pas compris en l'acte de 1232.

Noble Pierre de Claverie, seigneur *deü Castet d'Arudy,* avait un droit de coupe de bois sur les montagnes de Béost, et pour utiliser ce bois, il fit bâtir, au pied de la montagne, sur la rive gauche du ruisseau l'Ouzom, un haut fourneau à la Catalane, pour la fabrication et la fonte de fer, car il avait obtenu la concession de tirer de la mine pour en faire du fer, par arrêt du conseil d'Etat du 11 avril 1654.

Cet établissement, situé au milieu des montagnes, attira autour de lui de nombreux ouvriers qui fondèrent les deux communes d'Arbéost, ancienne dépendance de Béost, et de Ferrières, dépendances d'Aucun ; ces deux communes font partie des Hautes-Pyrénées.

Cet établissement n'existe aujourd'hui qu'en état de masure, et c'est ce qu'on appelait les *Forges de haut*.

Indépendamment de ce droit de coupe sur les montagnes de Béost, le dit sieur Pierre de Claverie, seigneur d'Arudy, avait acquis de la communauté de Louvie-Juzon, par acte du 5 août 1635, retenu par Casavieille, notaire d'Ossau, le droit de coupe de bois, pour quatre ans, pour alimenter la dite forge, dans les cantons dits Jaout, Arriste et Laportère, au moyen de payer annuellement la somme de cent francs ; et s'il voulait user de cette coupe à perpétuité, il devait payer au comptant 600 francs bordalois, une fois pour toutes, sans néanmoins préjudicier à la dite somme de cent francs du prix du bail. La communauté de Louvie-Juzon demeurait toujours propriétaire du sol pour le paçage, et conservait, outre le bail, le bois qui serait nécessaire à ses habitants à l'avenir.

Pour utiliser ce bois, il fit bâtir un autre haut-fourneau sur la même rive du dit ruisseau, territoire de Louvie-Juzon.

C'est ce qu'on appelle les forges de Nogarot ou du milieu.

1768.— Messire François-Louis-Arnaud d'Asson, marquis de Bonacq, lieutenant-général des armées du roi, maria sa fille Louis-Pétronille de Bonacq, à M. Jean-Paul d'Angosse, fils d'Etienne, baron de Corbères.

Une autre de ses filles fut aussi mariée à Messire Louis d'Incamps de Louvie, seigneur et marquis de Louvie.

1778. — Par acte du 15 mai 1778, retenu par Mᵉ Lahillonne, notaire à Igon, M. Jean-Côme de Claverie, conseiller du roi en la cour, en qualité d'héritier de M. Isaac de Claverie, son père, transmit au dit Messire Louis d'Incamps de Louvie : 1° les bâtiments et forges à battre du fer ; 2° le droit d'extraire de la mine ; 3° le droit de coupe de bois sur les montagnes de Béost, mais sans garantir ce droit, et 4° le droit de coupe de bois sur les montagnes de Louvie-Juzon, Jaout, Arriste et Laportère.

1792. — La fougue révolutionnaire fit disparaître le marquisat d'Asson dont la famille se perd parmi les émigrés, et M. d'Incamps de Louvie n'ayant pas d'enfants, ni de successeurs immédiats, légua tous ses biens à M. Charles-Constant d'Angosse, qui réunit, sur sa tête, les biens dépendant] du ci-devant marquisat d'Asson et de la ci-devant seigneurie de Louvie, avec leurs titres et leurs droits.

M. le marquis d'Angosse, qui se plaisait au château des forges d'Asson, section Arthez, y établit sa résidence et en prit le titre qui y était attaché.

Le haut-fourneau qui était établi à proximité de ce château, et qu'on appelle les forges de bas, attira aussi de nombreux ouvriers: pour ne pas les exposer à faire plus de six kilomètres, pour assister les dimanches aux offices divins à Asson, l'aumônier du château leur célébrait les offices dans la chapelle de la maison, qui devint trop petite pour l'agglomération qui s'était faite en peu de temps. Ce qui détermina M. le marquis à faire bâtir une chapelle, sur un monticule de rochers, et qui fut placé sous l'invocation de saint Paul, patron du fondateur.

Cette chapelle fut érigée en église paroissiale par décret de Mgr l'évêque de Lescar, en date du 29 novembre 1749, et enfin plus tard, cette paroisse fut distraite de la communauté d'Asson, et érigée en communauté particulière, par lettres patentes du roi, du 28 juillet 1787, pour s'appeler à l'avenir Arthez-d'Asson.

CHAPITRE III

Titres des communes

Nous venons de voir l'établissement des communes ci-dessus, nous allons examiner les titres dont elles sont nanties et qu'elles ont opposés aux abbés et aux habitants de Capbis croyant de les dépouiller.

1° CAPBIS

Comme nous l'avons vu plus haut, l'acte de fondation de Capbis, de l'année 1127, ne contenait qu'un territoire vaste dans des limites vagues, libre aux abbés de s'étendre et de défricher ou faire défricher telle étendue de terrain qu'ils voudraient et selon les besoins des donats qu'ils attiraient auprès d'eux, autour de leur monastère. Cependant ils voulurent avoir des limites fixes pour leur territoire. Le prince les leur accorda par sa donation de 1195, et fixa les limites de Capbis au Col-de-Hourna et au ruisseau Bazest depuis sa source, et, en outre, il leur accorda les droits de coupe et de pacage tant sur les herms et montagnes d'Asson, que sur les herms et montagnes dits de Louvie-Juzon et autres lieux environnants.

Depuis 1195, il paraît que les abbés et les donats de Capbis ne furent point inquiétés par leurs voisins, puisqu'il n'existe aucune trace de procès ; on ne connaît pas même les noms des abbés qui se sont succédé dans un laps d'environ 400 ans, c'est-à-dire depuis don Elie jusqu'au premier dénombrant.

Selon la rubrique 2 des fors et coutumes du royaume de Navarre, tout seigneur, gentilhomme, à chaque mutation, devait faire une reconnaissance de ses biens, en tenir livre terrier, ce que l'on appelait en faire le dénombrement ; et Péés de Malhos, abbé, nommé à l'abbaye de Sauvelade, dénombra, le 27 janvier 1538, son territoire devant Jacques de Foix, évêque de Lescar, et le dénombrant, soit qu'il ignorât l'existence de l'acte de 1195, soit qu'il n'eût fouillé dans ses archives, fut aussi vague dans les indications des limites du territoire de Capbis que l'acte de 1127, ce qui, dans la suite, va donner prise aux communes voisines pour tracasser les abbés et les habitants de ce dernier lieu.

2° ASSON

Comme nous l'avons aussi vu, la peuplade de la communauté d'Asson n'avait été gratifiée en 1232 que de la moitié des herms et montagnes : voilà pourquoi Catherine, reine de Navarre, afféva en faveur d'Antoine, seigneur de Bescat et de Rébénac, l'autre moitié, par acte du 10 décembre 1510, et encore, il fut concédé un huitième de ces mêmes herms et montagnes, par acte du 17 décembre 1588, au sieur marquis d'Asson, pour l'entretien des forges d'Asson.

3° LOUVIE-JUZON

La communauté de Louvie (Lobier) parsemée sur une étendue d'environ quinze kilomètres ou trois lieues anciennes, se montra de bonne heure avide de propriété ; aussi elle obtint, le 23 juillet 1352, l'affévement des herms et communaux de toute nature. Mais comme le prince avait fait des concessions antérieures, il fit des réserves en l'acte d'affévement.

Le territoire afféué de Louvie ne présentait pas l'aspect riant qu'il offre aujourd'hui, car à peine voyait-on, çà et là, quelques habitations; le restant était couvert d'épaisses forêts et de marécages. Mais les défrichements, en grand, qui s'opérèrent depuis l'affévement permirent de cultiver cette terre vierge, et fixèrent l'attention des cultivateurs et surtout des pasteurs dont le nombre s'accrut considérablement.

Tout le monde sait que les pâturages excitent la jalousie des pasteurs. Ce fait est ancien et nouveau, car, en remontant à la vie patriarcale, on voit qu'Abraham et Loth furent obligés de se séparer pour mettre un terme aux rixes incessantes de leurs pasteurs. Nous voulons dire par là que le nombre de pasteurs augmentant, tout était à craindre pour les donats et les abbés de Capbis.

La communauté de Louvie, voyant que l'acte du 23 juillet 1352 ouvrait la voie large aux abbés et aux donats de Capbis, fait tous ses efforts pour restreindre l'acte de 1195, dans des limites resserrées. Tous les moyens lui paraissent licites pour y parvenir. Elle corrompt, si on peut le dire ainsi, un des abbés de Sauvelade, M. l'abbé Clavère, et transige avec lui, le 26 juin 1526, disant que les droits d'usage seulement des abbés et des habitants de Capbis seraient restreints au seul canton qui touche leur territoire et ne dépasserait pas le moulin de Lavignolle, et, en outre, que le bétail de Louvie irait pacager sur le territoire de Capbis depuis le 15 septembre jusqu'au 20 avril de chaque année, à perpétuité.

Une pareille transaction, mise en stricte exécution par Louvie, ne pouvait subsister, car Louvie, sous la forme apparente d'être généreuse, ne visait qu'à la perte, à l'ennui des abbés et des habitants de Capbis, dont le territoire, rafraîchi par l'humidité, se trouve couvert de récoltes qu'ils ont besoin de recueillir pour subsister. D'où on peut conclure qu'on voulait chasser ces derniers par la faim.

Tels sont les titres de Louvie-Juzon sur lesquels nous reviendrons plus tard, puisqu'ils sont le fondement de procès qui ont duré plusieurs siècles sans interruption (jusqu'en 1850).

4° BRUGES

Depuis que les habitants de Brud-gez eussent obtenu les privi-léges qui leur furent octroyés par l'acte du 13 mars 1360, ils ne voulurent pas rester en arrière des circonstances, et ils se sont toujours montrés avides de propriétés.

Ils commencèrent d'abord par tenir en ferme la moitié des herms et communaux dits d'Asson que la reine de Navarre avait affiévée au seigneur de Bescat et de Rébénac. Fatigués de tenir ce fermage, ils acquirent de ce seigneur, par acte du 25 janvier 1579, sa propriété affiévée sur Asson, pour la somme de cent écus Morlaàs.

Voilà cette communauté, de simple usurpatrice, devenue grosse propriétaire. Ses convoitises ne s'arrêteront point là, ainsi que nous le verrons plus loin.

CHAPITRE IV

XVIᵉ SIÈCLE

Délimitations. Troubles de la Religion. Suite de ces troubles.

1° Délimitations

En 1467, les trois communautés de Bruges, d'Asson et de Louvie-Juzon marchent d'un commun accord pour arrêter certaines bases ; dire quelles elles étaient, nous ne le savons pas, puisqu'elles expliquent en leur procès-verbal de délimitation du 25 octobre 1621, article 14, que l'acte de 1467 est égaré. Ce qu'il y a de surprenant, c'est d'y voir figurer la communauté de Bruges qui n'était alors qu'usagère, tandis qu'on laissait à l'écart soit M. Antoine, soit d'Incamps de Louvie, soit le marquis d'Asson, soit les abbés de Capbis. Cela ne surprendra pas dans la suite, ainsi qu'il sera justifié, car, pour les trois premiers, ils étaient assez puissants pour se faire rendre bonne justice, et il ne fallait trouver des moyens que pour se débarrasser des autres. C'est pour ce motif que lesdites trois communautés n'ont jamais appelé ni les abbés ni les habitants de Capbis dans les bornages constatés par leurs actes publics et privés, des 25 octobre 1621, 3 juillet 1663 et 21 juillet 1735.

2° Troubles de la Religion

Ce qui enhardit les trois communautés, ce fut les troubles de religion. La reine, mère de notre bon Henri, Jeanne d'Albret, avait embrassé le schisme prêché par Jean Calvin, chanoine de Noyon. Après avoir encouragé ses nouveaux sectaires, elle voulut en faire sa religion d'Etat. Mais comme les Béarnais étaient lents à schismatiser, elle porta un coup fatal à leur culte intérieur, en ordonnant, le 21 octobre 1569, une saisie générale de tous les biens du clergé. Capbis, dépendant de l'abbaye de Sauvelade, fut compris dans cet acte universel. Rien ne fut épargné en ce territoire.

Lesdites trois communautés s'emparèrent du territoire de Capbis et en jouirent durant ces troubles, jusqu'en 1620, époque à laquelle finirent ces troubles, en Béarn, par suite d'un édit de Henri IV, appelé édit de Nantes, qui accorda la liberté de conscience.

Par suite de cet édit, la religion catholique romaine prit de nouvelles racines, car elle n'avait pas été entièrement étouffée des cœurs béarnais. Les autels se relevèrent et des prélats, éminents par leur zèle et leur vertu, furent nommés aux siéges vacants.

Mgr de Maytie fut élevé au siége épiscopal d'Oloron. Nommé premier abbé séculier de l'abbaye de Sauvelade et président des Etats de Navarre, il n'eut pas le temps de connaître les droits de l'abbaye, puisqu'il était occupé aux soins de son diocèse. C'est à ses soins qu'on doit le rétablissement des paroisses et leur circonscription.

C'est lui qui remit aux anciens possesseurs les abbayes démolies ou détruites dans les troubles. Son épiscopat peut être considéré comme le modèle des bons administrateurs, et, comme président des Etats, ses actes portent le cachet d'une sagesse consommée.

Nous ferons observer que, par suite de ces nouvelles circonscriptions, les deux tiers du territoire de Capbis furent compris au diocèse de Lescar, et l'autre tiers en celui d'Oloron.

CHAPITRE V

—

XVIIe SIÈCLE

—

Ravages du territoire de Capbis. — Complot. — Assassinat des abbés. — Vol. — Sacrilége

Cette nouvelle administration n'avait rien changé au malheureux sort des habitants de Capbis, ils ne pouvaient que se plaindre des désolantes dévastations dont ils avaient à souffrir. Ils n'avaient pas la force de repousser leurs puissantes rivales, ils attendaient tout de leur protecteur naturel, de M. l'abbé commandataire, possesseur des titres, pour agir conjointement.

M. de Boyer succéda à Mgr de Maytie dans l'abbaye de Sauvelade. D'abord, après sa prise de possession, il tâcha d'en reconnaître les droits et les remettre en leur état primitif. Il écouta les plaintes des habitants de Capbis, et, ensuite, armé des actes de 1195 et 1538, il attaqua les trois communautés de Bruges, d'Asson et de Louvie-Juzon, en 1658, pour faire cesser les ravages qu'elles exerçaient sur son territoire et afin que les habitants de Capbis ne fussent, à l'avenir, privés des objets de première nécessité.

Les trois communautés opposèrent au sieur de Boyer, outre leurs titres de 1232, 1352 et 1360, savoir :

La communauté de Louvie-Juzon, une prétendue transaction passée, disait-on, le 26 juillet 1526, entre elle et le sieur de Clavère, Abbé de Sauvelade, de laquelle il résultait que le pacage des Abbés et des habitants de Capbis était borné au ruisseau Bazest et au moulin de Lavignolle, et de même pour tous droits que ceux-ci pourraient exercer sur son territoire.

Celle de Bruges produisit une requête dans laquelle elle expose : que le territoire de Capbis, d'une contenance d'environ 300 arpents, est une de ses dépendances, en vertu d'un titre émané d'un souverain de Béarn, sans en exprimer la date ; elle ne peut le produire en justice, parce que, disait-elle, le comté de Bigorre ayant déclaré la guerre à Gaston-Phœbus, souverain de Béarn, celui-ci, pour les soustraire aux convoitises du comte, avait fait transporter ses archives à Oloron, où elles furent dévorées par un incendie et que le titre par elle invoqué s'y trouva compris; mais elle offrait d'en prouver l'existence par témoins. Elle conclut: d'être maintenue dans sa prétention et de débouter l'abbé et les habitants de Capbis de leur demande et de les condamner aux dépens.

M. l'abbé de Boyer répondit par une autre requête, portant la date de 1661.

D'abord sur la prétendue transaction produite par Louvie.

Les droits de Capbis s'étendent sur tous les herms et montagnes de Louvie, sans restriction ni limite. Le sieur de Clavère n'était pas abbé de Sauvelade dans le temps de la date de la prétendue transaction, que c'était, au contraire, Pées de Malhos qui avait obtenu sa provision de Rome, en 1524, c'est-à-dire deux ans avant le prétendu acte, et quant au droit de pacage que ceux de Louvie, d'Asson et de Bruges exerçaient sur le territoire de Capbis, ce droit devenait illusoire par la fausseté de l'acte qui l'accordait, car en fait la prétendue transaction émanait d'un abbé non titulaire, et quand même il aurait été titulaire, cette prétendue transaction n'avait pas été soumise aux formalités voulues. Ces formalités consistaient, en droit, pour leur validité, à être précédées d'une délibération du chapitre de l'abbaye, convoqué, ad hoc, trois fois à l'avance au son de la volée de la cloche; cette délibération devait être accompagnée du consentement de l'évêque diocésain, de l'avis du supérieur général de l'ordre, de la bulle canonique du Pape pour le spirituel et l'homologation du souverain pour le temporel. Toutes ces formalités étaient de rigueur, puisque le territoire de Capbis était un territoire de main-morte.

Ensuite, sur la requête fournie par la communauté de Bruges :

La communauté de Brud-gez, dont le territoire fut démembré de celui d'Asson, ne doit son existence qu'à la munificence du prince Gaston-Phœbus qui, en la déclarant propriétaire d'un terrain qu'elle avait usurpé, lui accorda des droits d'usage sur les herms et montagne d'Asson, de Louvie et de Castet. Or, le territoire de Capbis existant plus de deux cents ans auparavant, ne pouvait pas être une de ses dépendances, et que les preuves offertes en l'absence du titre n'étaient qu'un moyen évasif pour se soustraire à la justice.

M. de Boyer établit que le territoire de Capbis se composait de plus de mille arpents, soit environ 380 hectares. Il conclut d'être maintenu, ainsi que les habitants de Capbis, dans tous les droits spécifiés dans les actes de 1127, 1195 1538 et de condamner les adversaires aux dépens.

Le Parlement ne s'arrêta pas aux prétentions formulées par Louvie et par Bruges, et, par son arrêt du 30 juin 1662, il maintint les abbés et les habitants de Capbis dans les droits mentionnés aux actes de 1127, 1195 et 1538, annula la prétendue transaction de 1526, débouta lesdites trois communautés de toutes prétentions qu'elles disaient avoir sur le territoire de Capbis et les condamna aux dépens.

La communauté de Louvie, paraissant plus intéressée que les autres, se détermina d'attaquer l'arrêt du 30 juin 1662 par requête civile; elle n'épargna rien pour y parvenir, ayant forcé, pour ainsi dire, celle de Bruges d'adhérer à sa demande. Elles furent néanmoins rebutées avec la requête civile, par arrêt du 16 mars 1663, et le sieur abbé et les habitants de Capbis furent maintenus dans les jouissances et exemptions de tous les droits de Capbis.

C'est dans ces débats que M. l'abbé et les habitants de Capbis s'aperçoivent des exigences toujours croissantes desdites trois communautés et de leur intention bien arrêtée de détruire totalement Capbis, ou de le restreindre dans des limites très-resserrées pour empêcher de se développer et d'augmenter le nombre de ses habitants.

Le courageux abbé ne se rebute point devant les obstacles et les tracasseries qu'on lui oppose; fort des actes de 1127, 1195 et 1538, confirmés par les arrêts de 1662 et 1663, il devait faire prononcer de plus fort, puisque ses actes étaient antérieurs à ceux qu'on lui opposait, dans quelles limites devaient être arrêtées les prétentions des contestants.

Mais les trois communautés, croyant de n'obtenir le succès qu'elles s'attendaient, résolurent de se faire justice elles-mêmes. Elles complotèrent un coup de main, le plus noir, le plus infâme, qui pèsera à jamais sur leurs auteurs. C'était l'assassinat des abbés de Capbis! Les abbés de Capbis morts, disaient-elles, nous serons maîtres paisibles de ce territoire, et nous en éteindrons à jamais les titres et les droits.

Les trois communautés mettent à exécution cet infâme projet. Trente-quatre conjurés, pris parmi elles, se réunissent autour du monastère de Capbis, savoir : douze d'Asson, onze de Bruges, neuf de Louvie-Juzon et deux de Lavedan, soudoyés par elles. C'était le soir du vendredi 26 octobre 1663, sept mois après l'arrêt qui les déclarait faussaires, ou, pour mieux adoucir l'expression, voulant faire usage d'une pièce qu'elles savaient fausse, et quatre mois après (2 juillet 1663) qu'elles avaient fait une nouvelle délimitation, que les deux assassins soudoyés entrèrent dans l'asile sacré, où ils trouvèrent MM. l'abbé et son aumônier au réfectoire, achevant de souper.

Nous rapporterons ce que dit la tradition sur cette lugubre scène.

Les assassins, après les avoir salués, leur dirent : Avez-vous soupé, Révérends Pères? Les vénérables, ne se doutant de rien, répondirent affirmativement. Voilà votre dessert, dirent les meurtriers; et une détonation d'armes à feu se fait aussitôt entendre ! MM. l'Abbé et son aumônier tombent baignés dans leur sang ! Et ensuite, afin qu'ils n'eussent pas d'accusateurs, ils tombent sur le cuisinier, le meurtrissent de coups, ils s'abreuvent du sang des trois victimes !!!

N'ayant plus rien à craindre dans ce lugubre lieu, les conjurés entrent dans le monastère; tout y fut bouleversé, pillé, rien ne fut alors respecté, rien n'échappa aux malfaiteurs de ce qu'ils convoitaient.

Depuis ce drame horrible, l'acte de 1195 fut à jamais perdu pour Capbis; il devint la proie des conjurés qui n'en voulaient qu'à cet acte; et, par sa disparition, le territoire de Capbis sera restreint aux 300 arpents que les trois communautés conjurées ont déclaré au procès de 1662, puisque le dénombrement de 1538 était assez vague dans les limites y indiquées.

Les trois communautés se réjouissaient sans doute (si néanmoins de pareils actes peuvent porter la joie dans un cœur) d'une action si noire, qui livrait à leur merci les habitants de Capbis, qui, par suite de cet assassinat et de ce vol, étaient privés de leurs protecteurs naturels et des titres qui devaient garantir leur existence.

On aurait cru d'abord à une impunité, n'ayant aucun témoin du

2

crime ; mais Dieu, à qui rien n'échappe, veillait pour faire punir une pareille atrocité.

Le cuisinier n'était pas mort, il n'avait été que grièvement contusionné, blessé. Il avait reconnu les coupables et put les désigner à la justice. Tous les complots ourdis par les trois communautés conjurées se dévoilèrent alors, rien ne pût échapper à l'œil perçant de la justice.

L'indignation est à son comble; notre plume tremble en traçant ces mots d'horreur ! Nous n'avons qu'à lire l'arrêt du 31 mai 1664, qui fait dresser les cheveux sur la tête, en lisant les diverses circonstances de cet attentat.

Extrait des registres du Parlement de Navarre.

» Entre le procureur général du roi accusant et demandant en cas de meurtre et assassinat commis sur la personne de Messire Jacques de Boyer, prêtre et abbé commandataire des religieux Bernardins de Sauvelade et Bertrand de Barbouteau, son aumônier, vol, sacrilége et autres excès d'une part.....

(Nous nous dispensons d'écrire tous les vus qui ne font qu'indiquer l'ordre de la procédure, les tortures auxquelles furent soumis les accusés et nous passons au dispositif.)

« Le tout vu, dit a été : que la cour a déclaré et déclare bien et dûment obtenus contre les dits Bertrand, Jean et David de Barthouilh, Peilhan père, et Galan de Lavedan ; Jean Le Ninon de Moulou, Jean Penin de Talon ; Arriüle Dessus et Menay, son frère ; Bernard de Courtade ; Lamy de Sarthy ; l'héritier de Ramasaugues ; Hojès, héritier ; Hojès cadet, appelé Poutourat ; Hojès frère, appelé Bacqué ; Picas et Labassou ; et faisant droit à plus ample utilité d'iceux, les a déclarés et déclare suffisamment atteints et convaincus des crimes et excès mis sus ; pour punition et réparation desquels les a condamnés et condamne à être menés nus, en chemise, le hart au col, portant chacun un flambeau de cire du poids de quatre livres, au devant de l'église de St-Martin de cette ville, pour demander pardon à Dieu des excès des dits crimes, et, ce fait, être délivrés entre les mains de l'exécuteur de la haute justice pour avoir, par lui, les bras, jambes et cuisses rompus sur un échafaud qui sera dressé au lieu de Capbis, et ensuite leurs corps être jetés sur une roue pour tant qu'ils y resteront en vie, demander pardon à Dieu de leur crime, les yeux levés vers le ciel, et y demeurer après la mort, jusqu'à ce qu'ils seront consommés, et ce, si appréhendés peuvent être, sinon l'arrêt sera exécuté en effigie : Ordonne que les maisons des dits de Barthouilh, Peilhan, Galan, Ninon de Moulou, qui ont été les exécuteurs de l'assassinat, Arriüle et Courtade, qui les ont loués et employés pour ce faire, seront rasées et du sel jeté dessus, et commet pour le dit rasement le premier des dits commissaires de l'instance et l'un à l'absence des autres, et que sur leurs biens et sur ceux des autres défaillants seront prises la somme de dix mille livres d'amende pour le fisc de Sa Majesté ; pareille somme pour être employée en œuvres pies, pareille somme pour la réparation civile de la dite de Tournemire, (veuve de Boyer) et deux mille livres pour les dits Blaignacq et Barbouteau.

» Et faisant droit définitivement sur les nommés Cassarra, Bertrand de Ramasaugues, Jean de Seris, Bertrand de Lostaplàa, Jean de Pourtau, Bertrand de Graciette, Jean de Seris autrement Ilaurie, et Jean de Talon dit Flanquin, prisonniers détenus en la conciergerie de la cour, pour punition et réparation d'iceux a banni et exilé, bannit et exile du royaume à perpétuité les dits Ramasaugues, Cassarra, Seris du Bourdalat, Pourtau et Talon, leur fait inhibitions et défenses d'y entrer sous peine de la vie, et les dits de Lostaplàa, Jean de Pourtau, Bertrand de Graciette, Jean de Seris autrement Ilaurie, Seris-Ilaurie et Graciette, du ressort de la cour, pour un an seulement, avec inhibitions et défenses d'y fréquenter pendant le dit temps, sous les mêmes peines, les a condamnés et condamne solidairement en la somme de quatre mille livres d'amende, applicables, les deux mille livres au fisc, sur lesquelles sera payée à chacun des huissiers, pour leurs gages, la somme de cinquante livres, et les autres deux mille livres pour les nécessités de la cour et en décharge des finances de Sa Majesté ; laquelle somme sera néanmoins régalée, savoir : douze cents livres sur Ramasaugues, mille livres sur Cassarra, six cents livres sur Seris du Bourdalat, trois cents livres sur chacun Talon, Pourtau, Graciette, Lostaplàa et Seris-Ilaurie; et en douze mille livres de réparation civile ; dix mille livres envers la dite de Tournemire et au dit nom, et deux mille livres envers les dits Barbouteau et Blaignacq, solidairement, savoir : par le dit Ramasaugues, trois mille six cents livres; par Cassarra, trois mille livres; par Seris du Bourdalat, dix-huit cents livres; par Seris-Haurie, neuf cents livres; et par chacun des dits Pourtau, Talon, Lostaplaa et Graciette, six cents septante-cinq livres; et jusqu'au paiement, tiendront prison close.

» Et pour le cas résultant du procès contre les jurats et communautés d'Asson, de Bruges et Louvie, les a condamnés et condamne *à bâtir au lieu de Capbis, où le crime a été commis, une chapelle avec un logement convenable pour deux religieux prêtres, qui y résideront à perpétuité, pour prier Dieu pour les âmes dudit sieur de Boyer et Barbouteau, son aumônier, et fournir et dépenser pour ladite construction une somme de deux mille livres outre le bois, qui sera pris dans les montagnes, et charrois faits par les habitants,* laquelle somme sera mise, dans le mois, en mains d'un marchand solvable pour être distribuée aux prix facteurs, manœuvres, et paiement des matériaux qui seront employés auxdits bâtiments, sur les billets de l'abbé religieux de Sauvelade, *et de payer annuellement, à perpétuité, la somme de quatre cents livres pour la subsistance et entretien de deux religieux-prêtres et de la porter chaque année à l'offrande, au service qui sera célébré dans ladite chapelle pour l'âme dudit feu Abbé, et ce, le vendredi qui se trouvera le plus proche du 26 octobre de chaque année, jour de meurtre et d'assassinat commis sur sa personne ; auquel service assisteront les jurats des trois dites communautés qui se trouveront lors en charge, avec leurs livrées, deux députés de chacune d'icelles, lesquels, après l'offrande, promettront d'observer les arrêts des 30 juin 1662 et 16 mars 1663, et de garder les droits dudit terroir de Capbis entiers et intacts;* et, en outre, a condamné lesdits jurats et communautés à réparer les fossés et clôtures dudit terroir, de remettre les choses en l'état qu'elles étaient lors du décès dudit abbé, de veiller et tenir la main à la conservation dudit terroir, en exécution desdits arrêts du 30 juin 1662 et 16 mars 1663, à peine auxdits jurats d'en répondre en leur propre et privé nom ; fait, au surplus, très-expresse inhibition et défense à tous et à chacun des habitants desdits lieux d'Asson, Bruges et Louvie de porter des armes à feu sur les lieux, à peine de punition exemplaire, à la réserve des pasteurs, lesquels pourront s'en servir pour la garde de leurs bestiaux sur les montagnes, seulement avec permission de leurs jurats, laquelle ne pourra être donnée que par écrit et délibération précédente, sans fraude ni cognivence ; a condamné et condamne lesdit jurats et communautés d'Asson, Bruges et Louvie de bailler à ladite de Tournemire la somme de six mille livres de réparation civile, payable par lesdits jurats des trois communautés par égales portions et solidairement. Enjoint auxdits jurats de cotiser dans le mois ladite somme de six mille livres d'un côté, deux mille livres pour la construction, d'autre, et quatre cents livres pour la rente annuelle de cette année, d'autre, et d'en faire la levée dans le mois, après ce délai passé, ils y seront contraints, à faute de ce faire, en leur propre et par corps, ainsi chaque année et consécutivement pour ladite rente de quatre cents livres ; et, moyennant ce, lève tous les décrets donnés contre divers particuliers et jurats en la grand-chambre, pour les dégâts faits audit terroir et dépendances.

» Ordonne que les decrets donnés à la tournelle et par les commissaires seront exécutés contre les nommés Bauquiste, le frère de l'Amicq de Sarthy, Monpelat, Mahy, Crabé, Masties, Bibarrouy, Soubiron et Arriüle-Débat.

» Fait inhibitions et défenses à tous les habitants du ressort, conformément à l'arrêt du 3 mars 1664, de fréquenter, donner retraite, secours ni assistance aux susdits condamnés par défaut et décrétés, à peine d'être déclarés complices de leurs crimes. Et sera le présent arrêt, pour en conserver la mémoire à perpétuité, gravé sur une lame de fer, tant au dit lieu de Capbis que dans l'abbaye de Sauvelade édifiée par le dit feu de Boyer, et envoyé au général de l'ordre de Citeaux, pour être inséré dans leurs archives et enregistré aux actes publics des dites trois communautés d'Asson, Bruges et Louvie: Condamne les dits Ramasaugues, Cassarra, Seris, Pourtau, Graciette, Lostaplàa, Talon et Haurie, ensemble les défaillants et les jurats et communautés des dits lieux d'Asson, Bruges et Louvie solidairement aux dépens tant ordinaires qu'extraordinaires, soit envers le procureur général que de la dite de Tournemire et Barbouteau. Prononcé à Pau, en parlement, les chambres assemblées, le 31 mai 1664. Collationné par nous, conservateur secrétaire du roi en la chancellerie près le parlement de Toulouse. Pris communication de M. le Chancelier. Signé : Lacour. »

CHAPITRE V.

Situation de Capbis après l'assassinat des Abbés et le vol de l'Abbaye.

Voilà donc les habitants de Capbis privés de leurs titres et de leurs protecteurs naturels; et pendant que les trois communautés voisines se réjouissaient d'un acte dont elles auraient dû rougir, les malheureux orphelins pleuraient et se lamentaient voyant le danger imminent auquel ils étaient exposés.

On aurait cru d'abord qu'après une punition aussi exemplaire que nous venons de voir, les communautés d'Asson, de Bruges et de Louvie auraient perdu tout espoir de rien entreprendre contre le petit territoire de Capbis, mais ces punitions ne firent qu'augmenter leur audace; et si elles n'osèrent rien entreprendre ouvertement, elles ne négligèrent rien pour saisir tacitement toutes les circonstances pour le faire disparaître : à cet effet, l'espoir ne leur fit point défaut.

Cependant l'horreur d'une si noire action s'était emparée des cœurs palpitants ; un silence morne, lugubre, s'était établi dans les environs. L'assassinat, le meurtre, le vol, remplissaient la bouche des gens de l'époque. Cette noire action est encore proverbiale en ces contrées; car, quand on parle de certains faits qui excitent l'admiration, la surprise ou l'horreur, on dit : *Que s'en parle aütan com de la mourt de Saübalade.* (On en parle autant que de la mort de Sauvelade).

A cause de cet assassinat, de ce meurtre et de ce vol, Capbis fut interdit pour cent ans. Le monastère fut rasé et détruit de fond en comble; on n'y laissa subsister que la grange qui existe encore (1867). Les successeurs du malheureux abbé de Boyer, craignant de subir le même sort que lui, eurent horreur d'un lieu arrosé du sang des justes, ils n'y vinrent plus habiter et n'en retirèrent le revenu que par des agents qui finirent par se rendre odieux à cause de leurs exactions envers les habitants.

Après ce rasement et cette démolition, et pour ne point porter atteinte au culte intérieur des habitants de Capbis, ceux-ci furent agrégés, pour leurs besoins spirituels, les uns (onze maisons) à la paroisse de Mifaget, et les autres à celle de Bruges, c'est-à-dire, plus des deux tiers pour cette dernière, d'après la délimitation diocésaine faite antérieurement par Mgr de Maytie, évêque d'Oloron et président des Etats de Navarre, jusqu'à ce que fussent accomplies les clauses renfermées dans l'arrêt du 31 mai 1664.

Les communautés d'Asson, de Bruges et de Louvie croyaient voir, en cette circonstance, leur proie facile à saisir ; elles pensaient que les agrégations désuniraient les habitants de Capbis ; mais la plaie était trop fraîche, il fallait la laisser cicatriser et perdre la mémoire de tout acte qui pourrait faire revivre le souvenir affreux du temps passé.

En effet, les peines, les pertes, les remords ne comptent que pour un temps, et les pertes, pour si considérables qu'elles soient, s'évanouissent aussi par le temps et disparaissent devant un simple plaisir, devant une étincelle d'espérance flatteuse.

CHAPITRE VI.

Procès pour le rétablissement du monastère de Capbis.

Messire Jacques d'Apremont succéda au malheureux de Boyer dans l'abbaye de Sauvelade. Etranger aux événements qui ont porté la terreur et l'effroi au territoire de Capbis qui en dépendait, il regarda avec dédain cette terre désolée, devenue à jamais orpheline de ses tuteurs immédiats. L'insouciance ou l'incurie des abbés de Sauvelade ne fit que faire augmenter la cupidité séculaire des trois communautés, qui se montrèrent de plus en plus acharnées pour éteindre une poignée de gens avec leur territoire qui leur faisaient ombrage.

Cependant M. d'Apremont se met en marche pour faire exécuter l'arrêt du 31 mai 1664 qui obligeait les communautés d'Asson, de Bruges et de Louvie à rebâtir le monastère de Capbis et à assurer aux abbés résidant en ce lieu, un traitement annuel de 400 livres. Ces communautés voulaient, sans doute, éluder un acte qui les couvrait de honte, aussi fallait-il les y contraindre par les voies judiciaires, et, malgré cela, elles trouvèrent les moyens de n'y satisfaire qu'après plus de vingt ans, tant elles abondaient en tracasseries et en échappatoires. A la fin, un arrêt du Parlement, du 19 juin 1685, ordonna aux trois communautés d'avoir à rebâtir, dans les six mois, le monastère de Capbis, tel qu'il existait lors de l'assassinat de feu de Doyer et de son aumônier, et condamna celle de Louvie, en outre, à de grosses peines pour avoir contrevenu aux arrêts de 1662 et 1663.

Cet arrêt ne fut exécuté que pour la forme, puisqu'il donna lieu à celui du 7 mars 1686, qui déclara les bâtiments incomplets; et à celui du 23 mars 1689, qui délégua M. Capdevielle, conseiller-commissaire, pour vérifier si l'état de la maison et de la chapelle de Capbis, nouvellement bâties, étaient les mêmes que les anciennes avant leur démolition, pour, au rapport, être statué ce qu'il appartiendrait.

M. le commissaire se transporta sur le lieu, à Capbis, le 15 avril 1689, et y constata l'irrégularité des édifices.

Ces pièces, remises en instance au retour de M. le commissaire, devaient, sans doute, demeurer bien longtemps en état de rapport, puisque les trois communautés aimaient les référés, les requêtes et les appointements, qu'elles faisaient pleuvoir surabondamment, quand M. l'Abbé, las de traîner si longtemps pour une si minime chose, selon lui, transigea avec elles sur ce chef, par acte public, passé devant Mᵉ Jean de Lassalle, notaire à Pau, le 20 septembre 1697. Par cet acte, les communautés d'Asson et de Bruges se font concéder un droit de passage sur le territoire de Capbis, au moyen de payer au dit sieur Abbé trois écus petits de redevance par an; deux écus par Bruges et un par Asson.

On aurait cru en principe que M. d'Apremont reprendrait avec énergie les rênes gouvernementales du territoire de Capbis, mais tous ses actes se bornèrent à faire bâtir une chapelle mal appropriée, puisqu'elle était reléguée à n'avoir plus de prêtres résidants, et une maison abbatiale qui ne devait servir qu'à loger son fermier.

Il résulte de ce qui précède, que les habitants de Capbis ne devaient plus compter que sur eux-mêmes et qu'ils ne devaient attendre des Abbés que des secours superficiels.

DEUXIÈME PARTIE

ADMINISTRATION MIXTE

—

CHAPITRE VII

Les trois communautés s'exonèrent de l'offrande de 400 livres. — Procès contre Capbis recommencés par Louvie-Juzon.

A peine débarrassées du procès pour la reconstruction de la maison abbatiale de Capbis, les trois communautés d'Asson, de Bruges et de Louvie voulurent sortir de l'acte humiliant de porter en offrande, à Capbis, la somme de 400 livres, au service commémoratif perpétuel qui devait s'y célébrer le vendredi qui se trouverait le plus proche du 26 octobre de chaque année. Elles obtinrent l'assentiment de M. l'abbé d'Apremont pour acheter une propriété qui donnerait ce revenu. Ce domaine se trouva à Josbaig; et comme il se trouvait à portée de la résidence de M. l'Abbé, celui-ci agréa la mutation. Ainsi se trouvèrent débarrassées et dégagées de l'obligation humiliante qui devait avoir lieu tous les ans à Capbis.

La mort de M. d'Apremont suivit de près cet arrangement.

En l'année 1702, cinq propriétaires de Capbis, les nommés Poulou, Toquelauque, Tanguer, Arriule et Cardolle furent trouvés dans la forêt de Louvie, par le sieur Jacques de Casenave, syndic de cette communauté, et deux gardes. Les propriétaires de Capbis y coupaient des bois tant pour leur chauffage que pour bardeaux pour couvrir leurs édifices. Procès-verbal fut dressé contr'eux, leurs fers furent saisis, et ils furent appelés devant le Parlement pour y être condamnés comme délinquants.

Les habitants de Capbis se trouvèrent alors seuls en face de leurs adversaires; ils excipent à la Cour les arrêts de 1662 et 1663, que le drame néfaste de 1663 n'avait pu faire disparaître; car en dépouillant l'Abbaye, on n'avait pu détruire les originaux du Parlement. La communauté de Capbis doit à cette attaque une copie du dénombrement de 1538, signée par Defeschens, dernier garde du trésor de Pau, expédiée heureusement avant l'incendie qui dévora les archives le 22 janvier 1716; la copie de ce même dénombrement signée de M. de Livron, avait aussi disparu avec l'acte de 1195, lors de l'assassinat des Abbés et du vol de l'Abbaye.

M. Pierre de Seney, conseiller du roi et doyen en la Cour, succéda à M. d'Apremont en l'abbaye de Sauvelade. Il intervint en l'action intentée, et demanda de lui octroyer acte comme il assumait fait et cause des habitants de Capbis, et demanda la restitution des fers saisis et le maintien de tous les habitants de Capbis dans tous les usages et nécessités exprimés en l'arrêt de 1662 et en celui de 1663 et titres antérieurs. Ses conclusions furent débattues lettre par lettre, mot par mot, par la communauté de Louvie-Juzon, qui faisait pleuvoir requêtes sur requêtes. Mais enfin, après qu'elle eut épuisé ses évasives ressources, elle dût laisser au Parlement le libre cours de la justice qui, après toutefois vingt-neuf ans de requêtes et appointements, prononça le 13 juillet 1731 son arrêt qui dit : que la prétendue transaction de 1526 était suffisamment annulée par l'arrêt de 1662; que les habitants de Capbis jouiraient de tous les droits exprimés au dénombrement de 1538, sans restriction ni limite; que leurs fers leur seraient restitués, et la communauté de Louvie paierait, tant les frais de ce procès que le tiers réservé par l'arrêt du 14 décembre 1723 dont nous parlerons ci-après, au chapitre suivant.

Les habitants de Capbis, ainsi que M. de Seney, firent paraître, en ce procès, une copie informe de l'acte de 1195, dont l'original est relaté en l'arrêt de 1662, mais la communauté de Louvie la refuta par cette maxime: *Exemplum exempli non fecit fidem.* Et la cour ne parlant plus que de l'acte de 1538, 1195 ne subsistera en l'arrêt de 1662 que comme souvenir de mémoire perdue.

CHAPITRE VIII.

Dénombrement de Pierre de Seney. — Oppositions fournies par Asson, Bruges et Louvie.

M. de Seney, pour se conformer à la rubrique 2 des fors et coutumes du royaume de Navarre, fournit son dénombrement le 28 mai 1717. Ce dénombrement, qui n'est autre que celui de 1538 auquel il renvoie, fut présenté au procureur général du roi. Un arrêt du 27 février 1719 octroie acte au dénombrant de la reconnaissance du dénombrement, et, avant faire droit à la vérification d'icelui, ordonne qu'il sera coté et paraphé par le greffier, et ensuite publié par trois dimanches consécutifs à l'issue des messes des paroisses où les biens sont situés, et partout ailleurs où besoin sera, dans les formes ordinaires et prescrites par le dit arrêt.

Les publications eurent lieu : 1° au chef lieu de l'Abbaye, les 16, 23 et 30 avril 1719, signées du sieur curé, de trois jurats, de deux témoins et de Coutis, baylo, et contrôlées à Maslacq les 18 et 26 avril et 1er mai 1719;

2° A Bruges, par Monlaur, bayle, les 12, 19 et 26 mars 1719. Ces publications furent signées; la première, de trois témoins, et les deux autres, de deux seulement;

3° A Asson, les 16, 23 et 30 avril 1719, les deux publications furent signées de deux témoins et la dernière de cinq jurats et de deux témoins. Cette dernière contient une opposition formée par les jurats d'Asson et de Bruges faisant cause commune et que nous donnons plus loin ;

4° Et à Louvie, les 7, 14 et 21 mai 1719, les deux premières publications furent signées par deux témoins, et la troisième du sieur du Comeigt, jurat, contenant opposition.

Cette publicité, donnée à un acte nouveau, donna de nouvelles espérances aux trois communautés. Elles oublient le passé et croient fermement que la porte était ouverte pour évincer les habitants de Capbis, et pensent que le laps d'un demi-siècle, écoulé depuis la lâche action qu'ils avaient commise au territoire de Capbis, serait suffisant pour pallier l'intégrité de la justice et faire triompher leur prétention.

Mais examinons leurs actes d'opposition :

Louvie. — M. Debats, procureur de la communauté de Louvie, présenta le 26 mai 1720, l'écrit des causes et conditions fournies par Jacques de Cazenave, syndic de cette communauté, avec deux productions qui sont :

Le syndicat de la communauté du 28 janvier 1720 et une transaction du 26 juin 1526, passée entre l'abbé de Sauvetade et ladite communauté, demandant : « Pour des raisons y contenues, fesant
» droit à l'opposition formée à l'opposition dudit dénombrement,
» ordonner que les droits de pacage et de coupe exprimés dans les
» articles 6 et 7 seront restreints et bornés aux seuls quartiers limités
» dans la transaction du 26 juin 1526, et maintenir les habitants et
» communauté au droit *de pacage*, en *tout temps*, sur le *parsan*
» appelé *Le Lourau*, sans préjudice de poursuivre un procès (1702)
» contre certains particuliers et ledit sieur de Sency intervenant. »

Asson et Bruges. — L'écrit fourni par les jurats et communauté d'Asson, le 11 janvier 1721, demandant : « Pour les raisons y contenues,
» déclarer que ledit sieur Abbé a mal dénombré aucun droit sur les
» herms et montagnes d'Asson ; ou, en tout événement, borner les
» droits dudit sieur abbé, moines et grangers, donats ou donates, atte-
» nant la chapelle qui existait en 1538, en débouter touts ceux qui
» ont fait, depuis lors, des affiévements ; demeurant leur offre de
» payer un écu petit de redevance par an. » (Transaction du 20 septembre 1697).

Comme on le voit par ce qui précède, les trois communautés commencent à se désunir ; il n'y a que celles d'Asson et de Bruges qui opposent une résistance évasive, puisqu'elles admettent implicitement les droits de Capbis détaillés au dénombrement de 1538, mais seulement pour les habitants existant à cette époque. Cette assertion ne faisait que colorer leur opposition ; et comme elles ne voulaient acccorder des droits qu'aux habitants de Capbis existant en 1538, le Parlement déclara que le terroir de Capbis ayant acquis les droits, les habitants de ce terroir de 1538 et ceux qui s'y établiront à l'avenir, jouiront des mêmes priviléges.

Cette disparité de sentiments ne sera préjudiciable qu'à Bruges, qui n'a voulu suivre les erres de Louvie-Juzon, ainsi que nous le verrons plus loin. (Voir le procès de 1777).

La communauté de Louvie, toujours riche en moyens évasifs pour faire reculer la vérification du dénombrement en instance, fit une autre réponse le 11 septembre 1723, par laquelle elle conclut, demandant : « Pour les raisons y contenues, demeurant son consentement
» que le terroir de Capbis soit exempt de tout pacage de bestiaux des
» habitants de Louvie, déclare que les droits de coupe et de pacage
» exprimés dans les articles 6 et 7 du dénombrement seront restreints
» et bornés en faveur du sieur abbé et grangers aux seuls quartiers
» limités dans la transaction du 26 juin 1526, et conformément à
» icelle, sans préjudice de faire juger l'instance entre le syndic de
» Louvie et les habitants de Capbis, avec dépens. »

Nous voyons par cette nouvelle production que la communauté de Louvie se relâche un peu de ses premières conclusions, puisqu'elle abandonna le droit de pacage sur le parsan appelé *Le Lourau*, que ses compagnes avaient abandonné depuis 1663. Cependant elle ne saurait abandonner la prétendue transaction de 1526, — déclarée fausse par un acte solennel et que ses compagnes ont respecté.

M. de Seney se borna à une simple défense, il demanda seulement : « Sans avoir égard aux conclusions nouvelles du syndic de Louvie,
» lui adjuger les fins et conclusions précédentes avec dépens. »

La communauté de Louvie, ayant épuisé ses moyens de défense, quant à la vérification, s'appuyait sur l'attaque de 1702. Elle pensait que les premiers moyens étaient suffisants pour évincer les (grangers) habitants de Capbis ; mais l'arrêt du 14 décembre 1723, tout en condamnant les commnautés d'Asson et Bruges aux deux tiers des frais exposés, dans l'arrêt de vérification, avait réservé l'autre tiers concernant Louvie, aussi opposante, et cette dernière communauté ne put échapper à sa condamnation, ainsi que nous l'avons vu par l'arrêt du 13 juillet 1731, qui avait uni la cause de 1723 sur ce chef.

TROISIÈME PARTIE

ADMINISTRATION LAÏQUE

—

CHAPITRE IX

Afflèvement du territoire de Capbis. — Communauté.

Les habitants de Capbis, sortis de la précédente attaque, ne pensent plus qu'à s'émanciper et à sortir de l'état précaire dans lequel ils avaient toujours vécu. Déjà M. d'Apremont avait afflévé un vaste tènement de terrain par contrats des 23 mars 1700 et 24 février 1701. Cinq afflévants jouissaient en vrais propriétaires du terrain par eux afflévé, en payant le fief exprimé en leurs contrats. A l'exemple de ces derniers, tous les autres propriétaires veulent aussi devenir vrais propriétaires et se fixer définitivement dans un lieu qu'ils s'étaient choisi et où leurs pères étaient décédés. M. de Seney donna son consentement, et leur vœu fut confirmé par lettres patentes du roi, du 15 avril 1743, qui furent suivies d'un contrat général d'afflévement du 15 avril 1744.

Cette émancipation fut dictée par nécessité, car ils ne pouvaient plus supporter les exigences toujours croissantes des fermiers de M. l'Abbé.

Devenus propriétaires, ils s'assemblent pour délibérer en commun ; ils élisent parmi eux, à l'instar des autres communautés, des jurats, des syndics, etc.

Les habitants de la communauté de Capbis ne vivaient pas indifférents entr'eux, comme on se l'était imaginé par suite de leur agrégation spirituelle à Bruges et à Mifaget. Ils voyaient avec peine que l'autel de l'auguste mère de Dieu fut renversé du milieu d'eux et que le culte public qui lui avait été voué par le pieux fondateur, en 1127, ne dût subsister que dans leurs cœurs. Guidés par cette louable et surnaturelle inspiration, ils ne pensent plus qu'à rétablir l'objet de leur amour et ne reculent plus devant aucun sacrifice, persuadés qu'ils étaient que Dieu ne dédaigne pas les projets qui lui sont agréables.

Nous remémorons que le territoire de Capbis fut interdit pour cent ans par suite de l'assassinat des abbés; que les fermiers de l'Abbé, pour faire argent de tout, avait aussi affermé la maison abbatiale, et par conséquent, la chapelle bâtie en 1697 ne subsistait plus, et enfin que les cent ans d'interdiction arrivaient à leur terme.

Après l'acte solennel qui les déclare propriétaires, ils procèdent aux divers règlements pour leur utilité commune et réciproque; celui qui fut rédigé le 2 novembre 1744, par Bellaucq, notaire à Bruges, témoigne combien ils étaient animés de l'esprit du bon ordre.

La mort de M. Seney suivit de près l'approbation de cet acte.

M. Henri Caupéne d'Amou fut ensuite nommé à l'abbaye de Sauvelade. Des députés de la communauté de Capbis s'adressèrent à lui aux fins d'obtenir son assentiment pour l'érection d'une église au milieu d'eux, et le rétablissement de l'autel de l'immaculée mère de Dieu. M. l'Abbé les encourage dans leurs démarches, il leur promet son concours personnel, et qu'ensuite, un prêtre résiderait au milieu d'eux pour leur donner les consolations de l'âme.

A cet effet, les habitants de Capbis se réunirent le 4 mars 1762, sous la présidence de M. Lescun, notaire à Asson, et nommèrent deux syndics, les sieurs Jeanpor dit Besiat, et Argachat cadet, pour faire les démarches nécessaires à cette érection.

Nous suivrons d'abord les syndics dans leurs démarches pour obtenir l'érection de l'église, ensuite nous reprendrons les divers procès suscités par les communautés voisines, et dont celle de Capbis a été victime.

CHAPITRE X

Démarches des syndics. — Divisions entre les habitants.— Enquêtes.

D'abord après que leur syndicat fut approuvé, les syndics se mirent en marche. Il paraît qu'ils furent quelque temps abusés par des promesses évasives. En vain leur représentait-on des obstacles insurmontables, ils voulurent, à quelque prix que ce fût, relever dans ce lieu, un temple qui rappelât toujours à leur mémoire un nom si doux et si béni, et témoigner leur zèle et leur piété à celle qu'on n'a jamais invoquée en vain. Quelque chose de surnaturel leur disait au fond du cœur : Allez, ne vous rebutez point, vous triompherez de tout.

Sous cette protection invisible qui dissipe les nuages les plus épais, ils cessent toute démarche et toute demande verbale, et demandent par écrit, ce qui doit leur être accordé ou refusé par écrit.

C'est le 4 juin 1766, que Jeanpor dit Besiat, l'un des syndics, présenta une requête aux seigneurs évêques de Lescar et d'Oloron, puisque le territoire de Capbis dépendait des deux diocèses, aux fins de faire procéder à une enquête de *commodo* ou *incommodo*, pour constater sur les lieux, si les faits par lui articulés au nom des habitants, étaient sincères et véritables. Après les formalités exigées alors, Mgr de Noé, évêque de Lescar, nomma M. d'Espalungue, son grand vicaire, et Mgr de Révol, évêque d'Oloron, M. Casamajor, son grand vicaire et curé de Buzy, commissaires, pour procéder aux enquêtes demandées.

M. l'abbé d'Espalungue se transporta à Capbis le 17 septembre 1766, et y constata que : de temps immémorial, ainsi qu'appert de l'acte de 1538, il y avait une chapelle sous l'invocation de la glorieuse Vierge-Marie, appelée communément *Notre-Dame de Capbis*; qu'il y avait eu un cimetière, puisque le propriétaire qui l'avait affiévé, avait trouvé des os de morts en fouillant les fondements de sa maison; ce qui fut affirmé tant par les habitants du lieu qu'étrangers; et conclut que, vu l'éloignement de Capbis à Bruges, (trois quarts d'heure de marche à cheval) et les chemins difficiles, il y avait lieu d'accorder aux habitants de Capbis, leurs conclusions.

M. Laborde, curé de Bruges, se présenta à l'enquête assisté d'un procureur ; il se plaignit, néanmoins, de n'avoir pas été assez tôt averti, quoiqu'il eût eu le temps de faire rédiger un volumineux mémoire qu'il remit à M. le commissaire enquêteur, tendant à faire débouter les habitants de Capbis de leur demande.

Ces derniers prirent connaissance de ce mémoire et le réfutèrent en entier, parce que le principal mobile qui faisait agir n'était que la perte de dix pistoles (cent francs), que donnait annuellement M. l'abbé d'Amou à M. Laborde, curé de Bruges, pour les soins qu'il donnait à une partie des habitants de Capbis qui laissèrent le soin aux Prélats qui devaient en juger, d'apprécier le mérite d'un tel écrit.

Les syndics de Capbis devaient être soumis à de rudes épreuves. Des manœuvres secrètes surgirent au milieu d'eux. Quelques habitants, oubliant le pacte public du 4 mars 1762, et cédant, sans doute, à des tiraillements de respect humain, firent signifier à leurs syndics, le 30 août 1766, qu'ils désapprouvaient les démarches et tout ce que l'on ferait pour le rétablissement du culte dans leur sein; et qu'ils protestaient contre tous actes qui tendraient à les séparer de leurs curés actuels de Bruges et de Mifaget. Mais cet acte émané de trois ou quatre habitants seulement ne fit que faire éprouver une bien faible sensation. Toute la responsabilité pesa sur les meneurs de sa rédaction, qui d'ailleurs sont très palpables.

Le 26 septembre 1766, le sieur Jeanpor veut conjurer l'orage qui semble vouloir faire échouer ses démarches. Fort de l'appui protecteur de M. l'abbé d'Amou, et encore plus de la protection invisible de la Mère de Dieu, qui lui imprime un courage surnaturel, il ne s'arrête point aux obstacles qu'on lui oppose. Il se transporte à Buzy le dit jour 6 septembre 1766, pour prier M. le commissaire de donner suite à la délégation qui lui avait été faite, afin de faire marcher les deux procédures de front.

M. le commissaire retint acte de cette réquisition et ajourna son transport à Capbis pour le lundi 6 octobre suivant. Cet acte fut signifié au sieur Graciette, curé de Mifaget, afin qu'il ne l'ignorât, par exploit du 2 octobre 1766, signé de Gady, bayle royal.

M. le commissaire, assisté de MM. St-Martin, curé de Lasseubétat et promoteur du diocèse, et Casedaban, notaire apostolique, arrivèrent à Capbis le dit jour 6 octobre et le procès-verbal d'enquête fut ouvert en présence des syndics.

Le lendemain 7 octobre, M. Pierre de Graciette, curé de Mifaget, assisté de M. Joseph-Pierre de Forcade, ancien procureur, fit consigner au procès-verbal une très longue observation, mais dont la substance est : que Capbis n'a jamais possédé ni prêtre résidant, ni de chapelle servant au culte paroissial, mais bien pour la commodité particulière de l'abbé de Sauvelade ; point de cimetière pour y enterrer les morts : il appuya son dire sur les registres de sa paroisse et sur l'acte du 30 août 1766 ci-dessus, acte qu'il eut soin de faire grossoyer par M. Cassaigne, notaire à Asson, pour lui donner plus de poids, ainsi qu'il résulte de la collation que nous transcrivons : « A la réquisition du sieur Graciette, curé de Mifaget,
» par moi notaire royal, soussigné, collation a été faite de cette
» copie à son original qui m'a été représenté par Jean Argacha,
» allié à Bourda, de Capbis, dénommé ès-autres parts, qui l'a à
» l'instant par devers lui retiré, et a signé avec moi dit notaire, à
» Bruges, le 14 septembre 1766 : Signé, Argacha dit Bourda, Cassaigne,
» notaire royal. » Enfin il conclut comme le sieur curé de Bruges, à rejeter la demande des syndics de Capbis.

Le sieur Jeanpor, syndic, fit une réponse catégorique ; il fit ressortir avec énergie les motifs qui faisaient agir tant M. le curé de Mifaget que les habitants de Capbis, ses paroissiens qu'il croyait retenir. Il conclut que l'enquête ordonnée ne devait pas être un plaidoyer, mais bien un rapport sur les avantages ou inconvénients qui devait résulter de l'enquête, et que l'acte des sieurs Argacha et Estelat, opposants, ne pouvait présenter aucun obstacle, puisqu'il était un hors-d'œuvre qui s'évanouit devant la délibération générale prise le 4 mars 1762 déjà citée.

M. le commissaire enquêteur donna néanmoins acte aux parties de leurs dires et réquisitions, et faisant droit aux conclusions du syndic de Capbis, il ordonna la continuation de l'enquête.

Il fait la description topographique et géographique du territoire de Capbis, il longe le chemin qui va de Capbis à Mifaget. Parvenu à l'église de cette paroisse, il constate le défaut des actes de baptêmes, de mariages et de sépultures, sur lequel s'appuyait M. le curé de Mifaget, il n'en trouve plus que quelques-uns. Il déclare que le lendemain il entendra les témoins pour avoir des éclaircissements sur la vérité des faits exposés par les syndics de Capbis ; et, à cet effet, il fait sommairement avertir les témoins de se rendre à huit heures du matin, dans la maison Chourrist, de Capbis, pour être entendus.

Le 8 fut consacré à l'audition des témoins : Jean Mahy, d'Asson ; Jacques Tapie, de Bruges ; Bernard Termy, et Antoinette Pedrou, de Louvie ; et le 9, à celle de Bernard de Caumont, du Bourdalat de Louvie.

Les dépositions de ces cinq témoins furent identiques et justifièrent : 1° qu'à Capbis il y avait toujours eu une église ou chapelle ; 2° un prêtre résidant administrant les sacrements aux donats ; 3° un cimetière où ceux-ci étaient enterrés après leur mort ; 4° les chemins de Capbis à Bruges et à Mifaget étaient souvent impraticables, et 5° depuis que l'église ou la chapelle avait été détruite, les habitants de Capbis recevaient les secours spirituels, les uns de M. le curé de Bruges, les autres de celui de Mifaget ; ces prêtres, pour ces soins, recevaient annuellement de M. l'Abbé d'Amou, le premier, cent livres et le second cinquante.

Tels furent les résultats des deux enquêtes, dont la dernière fut close le 9 octobre 1766.

CHAPITRE XI

Décrets des Évêques de Lescar et d'Oloron. — Construction de l'église. — Service paroissial.

Le sieur Jeanpor, syndic, était persuadé que les choses négligées n'aboutissent jamais à bonne fin, aussi se hâta-t-il d'activer les bonnes dispositions des autorités diocésaines qu'il avait déjà reconnues favorables à son projet ; et, le 16 octobre 1766, il présenta aux dits seigneurs évêques, une requête pour faire statuer sur le rapport de MM. les commissaires.

Les deux dossiers furent soumis à M. l'abbé d'Amou, qui répondit par un acquiescement général.

Après les formalités remplies, Monseigneur l'évêque de Lescar donna le 11 novembre 1766, un décret qui permit aux habitants de Capbis de bâtir une église dans leur territoire pour y faire les exercices de la religion et y recevoir les Sacrements tant en santé qu'en maladie, ainsi que tous les autres secours spirituels par le prêtre qui y sera établi.

Pareil décret fut donné par Monseigneur l'évêque d'Oloron, le 5 décembre 1766.

A peine ont-ils connaissance de ces deux décrets, que les habitants de Capbis se mettent à l'œuvre: les matériaux s'entassent au périmètre de l'ouvrage, comme par enchantement. Dès le mois de mars 1767, les fondements de l'édifice sont creusés, et M. l'abbé d'Espalungue, grand vicaire de Lescar, délégué par Monseigneur l'évêque, vint bénir la première pierre et planter la croix dans le lieu qui devait rappeler aux habitants que le culte qu'ils avaient tant désiré, serait rendu dans leur sein à la Souveraine du Ciel et de la Terre.

Tous rivalisèrent de zèle, car le refroidissement qu'avait fait naître l'acte du 30 août 1766 s'était évanoui devant l'infatigable activité des syndics.

En moins de trois ans, l'église tant désirée est consacrée au culte public du secours des chrétiens et munie des ornements nécessaires: Tous les sacrifices furent offerts, rien ne fut négligé tant de la part de M. l'abbé, commandataire, que des habitants.

Le 30 septembre 1769, Monseigneur l'évêque de Lescar, ordonna la dédicace de l'église *Notre-Dame de Capbis*, et délégua le même grand vicaire pour y procéder. Ce délégué se rendit à Capbis le 9 octobre 1769 pour exécuter sa mission, et, après la cérémonie touchante qui eut lieu en ce jour, l'église de Capbis fut désormais consacrée au culte de la Reine du Ciel et de la Terre : cent cinq ans onze mois treize jours après l'assassinat et le vol sacrilége.

M. Trevez fut nommé curé de Capbis immédiatement.

La joie qu'avait ressentie les habitans de Capbis devait être obscurcie; car, à leur insu, les anciennes convoitises de Bruges se rallument avec intensité. Elle veut dominer sur ce petit territoire pour grossir son bénéfice qu'aurait diminué l'érection de la cure de Capbis. Mifaget, Asson et Louvie n'entrent, cette fois-ci, en rien à ce manège.

1790. — La Convention nationale vint faire réveiller cette cupidité. Elle avait décrété la suppression des monastères et la réduction des succursales. La paroisse de Capbis ne pouvait échapper à ce coup fatal, et, comme il fallait le consentement du curé titulaire, M. Pécastellaà, curé de Bruges, l'arracha de M. Trevez, curé de Capbis, ainsi qu'il résulte d'un acte public retenu par M. Cassaigne, notaire à Asson, le 22 octobre 1792, acte par lequel ce timide prêtre s'engagea à demeurer à Capbis, mais en qualité de vicaire vivant sous la dépendance de M. le curé de Bruges.

La communauté de Bruges crut alors que celle de Capbis serait désormais un de ses faubourgs avec ses titres et ses droits, et confondues à l'avenir en un seul et même corps de communauté.

Vainement crut-on alors, par cet acte, entraîner les brebis avec leur pasteur, pour les inféoder au même bercail ; mais elles ne s'aperçurent point de cette convention faite de main morte à main morte, une circonstance extraordinaire devait faire échouer ce projet d'agrégation ou d'englobement.

La commotion sourde qui agitait alors les esprits, à cette époque, augmenta d'intensité et finit par jeter de grands éclats. Pendant dix ans, qui le dirait ? la France tremble sous la tyrannie de Robespierre et de ses complices qui substituent au culte du vrai Dieu celui de la Raison.

Mais passons l'éponge sur ces scènes ridicules, et disons que, pendant qu'on célébrait ailleurs les saturnales républicaines, Capbis servait d'asile à MM. Trevez, son curé ; Graciette, curé de Mifaget ; Begorrat, curé d'Arthez-d'Asson, et Pécastellaà, curé de Bruges. C'est dans ce lieu solitaire que ces quatre vénérables purent épancher librement leurs cœurs devant celle qui écoute favorablement les prières ferventes ; y célébrer les Saints-Mystères, quoique clandestinement, et faire entendre leurs voix aux brebis fidèles de cette contrée. Car, pendant que tout était en feu dans les autres communautés, la terrible égide de l'Immaculée Vierge couvrait, en ce lieu, et les pasteurs et les habitants. Enfin, nous pouvons aussi dire que si le sanctuaire de la même mère, à Bétharram, fut respecté à la voix du premier magistrat de Lestelle, au nom des arts, celui de Capbis ne ressentit la moindre commotion indigne ; bien au contraire, tous les vases sacrés, tous les ornements furent pieusement et précieusement conservés par les habitants, pour les rétablir à la fin de l'orage qu'ils attendaient avidement.

Nous avons vu jusqu'ici comment est sortie l'église de Capbis, il ne nous reste plus qu'à poursuivre les divers procès que la commune de Capbis a dû soutenir contre les communes voisines qui voulaient ou la dépouiller, ou l'ennuyer, ou la forcer d'abandonner sa cause pour l'obliger à se mettre à leur merci.

Nous commencerons par celle de Louvie-Juzon, puisqu'avec elle il y a eu clôture d'action par le moyen du cantonnement qui fut limité le mois d'octobre 1851.

CHAPITRE XII

Droits de coupe et de pacage contestés.— 1° Par Louvie-Juzon.
Droits de coupe.

La communauté de Capbis jouissait paisiblement de ses droits conservés par les actes plus haut relatés, lorsque celle de Louvie-Juzon trouva les moyens d'ébranler leurs forces. Sous le masque de l'ordre conservateur, ses jurats surprirent quelques habitants de Capbis coupant du bois pour leurs usages ; ils constatent que ceux-ci se livrent à des dégradations considérables dans la forêt. Cette constatation, dans laquelle on ne voyait que des délinquants acharnés, fut suivie d'un jugement rendu au siège de la Maîtrise, le 24 septembre 1762, qui condamna les habitants de Capbis y dénommés, chacun à une légère amende envers le fisc et en une légère restitution pour dommages-intérêts.

La communauté de Louvie se réjouissait déjà de ce premier succès ; elle voyait dans sa pensée l'élimination de celle de Capbis, de son territoire, mais elle ne comptait pas sur l'existence des arrêts déjà cités, ni sur l'intelligence active du jurat de Capbis, le sieur Jeanpor. Cette communauté, terrifiée d'abord à la vue de ce premier succès obtenu par son adversaire, après plus de 400 ans de procès, oublie le danger qui la menace, et, dans son désespoir, elle retrouve de nouvelles forces.

Appel de ce jugement est interjeté, et, sur les pièces produites par le syndic de Capbis, le parlement cassant le jugement ci-dessus par son arrêt du 24 mars 1764, condamna les syndics de Louvie aux dépens et à l'amende, et défendit au procureur du roi près la Maîtrise de laisser prononcer à l'avenir de pareils jugements. La communauté de Capbis est maintenue de nouveau dans ses droits de coupe.

Droit de pacage.

Il aurait semblé qu'après tant d'arrêts décisisfs, la communauté de Louvie serait convaincue, vis-à-vis celle de Capbis, touchant ses droits généralisés sur tout son territoire, mais non; comme elle était riche, elle ne pensait toujours qu'à atténuer ou à annihiler les habitants de Capbis en leur suscitant des obstacles et des embarras, et surtout voulant les écraser sous le poids des frais énormes qu'occasionnent les procédures.

Cependant, il faut être naïf une fois seulement, elle rentra dans de bonnes voies et voulut faire un acte de courtoisie avec celle de Capbis. Cet acte semblait dicté par la bonne entente de voisinage et pour la terminaison de tout procès. Il concernait le parcours et était à la fois légal et amiable.

Mais un édit du roi de 1767, portant règlement sur les usagers, fit revivre son ancien souvenir. Il est vrai qu'elle n'osa plus invoquer la prétendue transaction de 1526, cassée et annulée par trois arrêts solennels, mais elle s'appuya sur cette loi générale pour en faire une particularité contre celle de Capbis. Elle traîna celle-ci devant ses anciens juges, avec sommation d'avoir à faire descendre son bétail de la montagne de Louvie et de ne plus y revenir.

Les habitants de Capbis ne déguerpirent point à cette sommation; ils résistèrent et se firent un bouclier des arrêts que nous avons cités plus haut. Mais soit que l'édit de 1767 ne fût pas assez explicite pour la communauté de Louvie, ou qu'elle craignît une mauvaise issue de sa téméraire attaque, elle se détermina à transiger avec celle de Capbis, conformément aux articles 6 et 10 de l'ordonnance des Eaux et Forêts de 1669, sur le mode de parcours et la manière de marquer le bétail.

Voici la transaction que nous avons trouvée:

« Entre nous, sous signez jurats et notables de Loubie et de
» Capbis, a été convenu de la manière qui suit, savoir est: quoy
» qu'il soit dit par la transaction que nous avons passé cejourd'huy
» de marquer le bétail à la marque de chaque communauté, nous
» avons trouvé à propos de ne pas le faire pour le présent à
» cause de la difficulté qui se trouve de faire descendre les bes-
» tiaux de la montaigne, sans néanmoins rien déroger aux autres
» conditions portées sur la dite transaction, promettant de le faire
» dès que l'unne partie en requerra l'autre et du présent a été
» fait double, celle-ci pour ceux de Capbis. Fait à Capbis le troi-

» sième juin mille sept cents soixante-quinze. (Suivent six signatures
» des jurats et notables de Louvie. »

Là transaction énoncée en là pièce qui précède ne s'est point
trouvée à Capbis.

En lisant cette transaction, qui dirait qu'il y avait méchanceté
de part et d'autre ? Ne voit-on pas un pacte amiable qui semble
terminer tout différend ? Oui, on peut le dire, il en avait toutes
les apparences, mais il n'était qu'illusoire, car, Louvie, malgré cet
acte, ne prétendait rien perdre de l'attaque commencée, et si
l'édit de 1767 était pour elle obscur et ambigu, celui de 1770,
qu'elle venait d'exhumer, était plus explicite et lui promettait de
chasser de ses montagnes le bétail de Capbis et de le rejeter sur
le territoire d'Asson. La force lui étant impossible, aussi employa-
t-elle tout ce que la ruse peut inventer pour dévier l'intégrité
des juges.

C'est dans ces débats que la communauté de Capbis fait ressortir
la profonde misère où la plongerait la perte d'un procès qui la
priverait d'élever du bétail, unique ressource qui fait subsister
ses habitants. Celle de Louvie répond ironiquement : Des sujets de
leur espèce sont toujours à regretter, et l'Espagne gagnerait trop
à ce qu'ils fussent se placer dans les déserts qui attendent depuis
si longtemps des cultivateurs.

D'après ces paroles qui font revivre les anciennes convoitises, on
peut juger de la bonne entente transigée le 3 juin 1775 entre
Louvie et Capbis.

La communauté de Louvie s'écrie encore : « L'édit de 1770 éteint
le parcours, mais pour cela les habitants de Capbis n'auront garde
de déguerpir et de chercher ailleurs une commodité qui leur
manque. »

Non, les habitants de Capbis n'ont jamais voulu déguerpir, ni
par menaces, ni par d'autres moyens employés vainement. Ils
ont toujours aimé, comme tout le monde, le lieu qui les a vus
naître, et comme ils ont une origine plus ancienne que leurs
adversaires, ils se garderaient bien de faire place à des cadets
ennuyeux ; car s'ils se fussent jetés sur le territoire d'Asson pour
la grande commodité de Louvie, Asson et Bruges douées des mêmes
convoitises à l'égard de Capbis, n'auraient pas manqué d'invoquer
la même loi pour leur faire subir le même sort. D'ailleurs, à la

même date, nous verrons comment le jurat d'Asson agissait envers les pasteurs de Capbis, lorsque nous parlerons de cette communauté.

La communauté de Louvie étale encore aux yeux de la justice les convenances de celle de Capbis sous le rapport du pacage, à cause d'un tènement de montagne qui fut déclaré territoire de Capbis, par suite des arrêts de 1662 et 1663, et duquel les dites trois communautés durent déguerpir à cause des dévastations qu'elles avaient commises dans ce territoire pendant plus d'un siècle, et sur lequel elles voulaient conserver le droit de parcours, ainsi qu'il résulte des conclusions par elles prises et contenues en l'arrêt de 1723 ; mais le parlement n'en tint aucun compte.

Voici ce que Louvie fait valoir pour justifier la suffisance du pacage pour le bétail de Capbis :

« Les habitants de Capbis ne sont pas dans cette privation de
» pacage, il s'en faut bien ; le procès prouve qu'au delà des fonds
» par eux affiévés, ils possèdent le territoire appelé *Le Lourau*,
» qui fournit jusqu'en 1663 une ressource pour tout le bétail de
» Louvie, et dont les adversaires jouissent d'une manière exclusive
» depuis cette époque. »

Ce *Lourau*, qui ne contenait à peine que 300 arpents ou environ 114 hectares, ne pouvait suffire pour le bétail de Capbis ; comment aurait-il pu suffire pour celui de Louvie, qui en possède des milliers de têtes ?

Quoiqu'il en soit, ce canton *Le Lourau* devait être la proie de l'une des trois communautés, puisque dans les procès subséquents, il n'est plus fait mention de ce tènement de montagne à laquelle on a changé le nom, mais ce qui est certain, Louvie le laissa englober au territoire d'Asson, lors du nouveau cadastre, et prit en dédommagement le canton Mondragon et autres adjacents, et elle en a été déclarée vrai propriétaire par un jugement du tribunal d'Oloron en 1864.

La commune de Capbis, dont trois jurisconsultes lui donnaient gain de cause, avait revendiqué ce canton en 1852 : elle fut déboutée de sa demande par jugement du tribunal de Pau en 1854.

Mais revenons au procès ci-dessus. La communauté de Louvie, riche en mémoires et rapports, éloignait la décision des juges ; ce qui détermina le syndic de Capbis à présenter un plan aux magistrats, pour les prier de mettre un terme à l'affaire pendante.

Nous reproduisons cette pièce rimée et imprimée , non parce qu'elle est faite selon les règles de la versification française, mais parce qu'elle est l'expression bien sincère d'un bon cœur de paysan, imbu de religion et de confiance en Dieu :

« A Monseigneur de Lacaze, premier président au parlement de Pau, et à Nos Seigneurs les Conseillers de son bureau. »

Fidèles magistrats, modèles des grands hommes,
Qui rendez la justice dans le siècle où nous sommes.
Salomon dans son temps fit un grand jugement
Que nous trouvons écrit dans l'Ancien Testament.
Il sut, par sa sagesse, se conduire si bien,
Qu'il trouva le coupable sans preuve ni témoin,
Notre affaire aujourd'hui n'est pas si difficile,
On a produit des titres qui serviront de guide
Sur un grand fondement. Je commence l'histoire
Qui répand dans mon cœur une vapeur bien noire.
Que mon sang épaissi rend plus faible mes sens
Que ne fait ni ne peut le nombre de mes ans.
Après ce que l'on sait de magnanime en vous,
Votre bonne justice éclatera pour nous.

Il y a déjà dix ans que je suis obligé
De soutenir en justice un droit privilégié.
Ce droit que nous avons, qui nous est contesté,
Il a environ six siècles qu'il nous fut concédé
Par le prince de Béarn qui était alors muni
De touts les priviléges que le roi a aujourd'hui.
Nous avons consulté quelques rares esprits
Pour faire distinguer la force des édits.
C'est maître de Duboscq qui est notre conseil,
Que dans tout le bureau il n'a pas son pareil.
Nos parties adverses sont celles de Louvie
Qui plaident contre nous avec grande furie,
Sans raison ni justice, ni même religion.
Pour assouvir leur haine et leur noire passion,
Jamais les Philistins ne pouvaient tant gronder
Quand Goliath fut vaincu par David le berger.

Nous attendons de vous la justice ordinaire
Que vous rendez toujours dans une action pareille,
Et prierons ensemble entre touts le Seigneur,
Qu'il veuille vous conduire au céleste bonheur.

JEANPOR dit BÉZIAT,
syndicq des habitants de Capbis.

À la fin, le Parlement après avoir laissé épuiser toutes les ruses abondamment fournies par Louvie, ne consulta plus que le bon droit et ordonna, par son arrêt du 30 avril 1777, que le bétail de la communauté des habitants de Capbis continuerait à paître sur *toute l'étendue des communaux de Louvie-Juzon*; que les dits habitants pourraient *y bâtir des cabanes, pour y établir des cuyalars pour y séjourner de jour et de nuit*, et condamna enfin la communauté de Louvie aux dépens.

La communauté de Bruges figurait aussi en la cause, par les mêmes motifs; elle ne conserva que le droit de coupe de bois et ne fut maintenue dans son droit de pacage que pour l'exercer de soleil à soleil.

Pendant le cours de l'instance qui précède, la communauté de Louvie se fit autoriser à concéder à divers usurpateurs de vastes étendues de terrain communal, et notamment aux portes de Capbis, dans la vue de gêner le parcours que les habitants de cette dernière communauté venait de recouvrer par cet acte solennel qu'ils firent signifier le 17 mai 1777. Voyant le mépris qu'on faisait de cet acte, les jurats de Capbis, par acte du 6 octobre 1777 qu'ils firent signifier à ceux de Louvie, formèrent opposition à ces ventes.

Cette opposition fut portée à la juridiction de M. l'intendant de la province, qui décida, le 15 avril 1778, que la communauté de Louvie pouvait vendre du terrain, mais en indemnisant celle de Capbis, et que les ventes ne pouvaient avoir lieu qu'en dehors du voisinage de cette dernière communauté.

CHAPITRE XIII

2° Les communautés d'Asson et de Bruges sur les édits de 1787 et 1770.

.Les communautés d'Asson et de Bruges respectèrent l'arrêt de

1723, et quoiqu'elles ne manifestassent pas ouvertement leurs anciennes prétentions sur le petit territoire de Capbis, elles ne conservaient pas moins l'idée de le capter en un jour plus éloigné.

Cependant la communauté d'Asson, s'appuyant, comme celle de Louvie, sur les édits de 1767 et 1770, voulut faire une tentative pour exclure les pasteurs de Capbis de sa montagne, et le mois de mai 1776, le premier jurat d'Asson, de sa propre autorité, captura au canton appelé Merdançon le troupeau de bêtes à laine appartenant au sieur Argacha, de Capbis, et le mit en fourrière. Ce propriétaire, un des plus notables, se pourvut en justice et le Parlement, par son arrêt du mois de juin de la même année, ordonna au jurat d'Asson d'avoir à remettre à son propriétaire le troupeau, non détérioré ni gâté, et à laisser à l'avenir les habitants de Capbis jouir de la plénitude de tous leurs droits, tels qu'ils sont établis au dénombrement de 1538, confirmés de plus fort par l'arrêt de 1723.

Le premier magistrat d'Asson dut se soumettre à cette décision et ramena lui-même le troupeau au propriétaire, à Capbis; mais comme ce troupeau était attaqué de l'agmer ou pourriture, il le fallut payer, ce qui donna lieu à la scène que nous reproduisons :

Le premier magistrat d'Asson, lors de cette remise, se trouvait le neveu de M. le curé de Capbis. Après avoir fait la remise du troupeau, il alla voir son oncle ; c'était un des soirs de l'octave de la Fête-Dieu; M. le curé, sortant de donner la bénédiction, reçut son neveu à la sacristie et l'accueillit en chantant la pastorale suivante :

Qu'in ten ba l'aoüillade, aoüilhé, quin ten ba l'aoüillade !
Lous moutous sou entécats, las oüilhes arrousades.

et ensuite: *Aquo que t'apprenera de lécha tranquillés lous de Capbis* (ceci t'apprendra de laisser ceux de Capbis tranquilles).

Les pièces de ce procès ne se sont point trouvées à Capbis, parce que le propriétaire, ayant changé de résidence, les emporta à son nouveau domicile ; mais nous tenons la sincérité de tout ci-dessus par le rapport des anciens et par le marguillier de l'époque, le sieur Pierre Darroque, qui était témoin oculaire et auriculaire de ce qui précède.

Les communautés d'Asson et de Bruges gardent le silence depuis cet acte, mais elles ne perdent pas de vue le tènement *Le Lourau*, proclamé par Louvie dans le procès qui précède, pour réduire le territoire de Capbis à la contenance pronostiquée par celle de Bruges au procès de 1662. Et pour perdre à jamais le nom de cette partie de montagne, Asson et Bruges l'ont appelée *Lastaoüles*, mais ceux de Capbis ont eu aussi le malheur de l'appeler *Ayguebés*.

CHAPITRE XIV

Il ne nous reste plus qu'à parcourir les diverses transactions et bornages faits entre les trois communautés, et laisser au lecteur le libre arbitre de la découverte d'un titre qui leur donne *Le Lourau*, *Lastaoüles* ou l'*Ayguebés* et laquelle des trois doit le posséder en entier.

Des bornages et des transactions faits entre les trois communautés.

Les communautés d'Asson, de Bruges et de Louvie, persistant toujours dans leurs vues pour dépouiller celle de Capbis, avaient un haut intérêt à lui cacher les actes qu'elles concluaient d'un commun accord. Elles savaient que ces actes n'avaient aucune valeur sur le moment, puisqu'ils auraient pu être facilement contredits à cause de leur jeunesse; aussi, dans leur prévoyance, elles ne travaillaient que pour les générations futures, afin de pouvoir leur dire : *Voilà des titres vieux et poudrés, respect à la vieillesse.*

Cette prévoyance fut corroborée, entre autres, par une famille, le 2 juillet 1663 et le mois d'octobre 1825 ; mais cette famille était en 1663, de Bruges, et elle est de Capbis depuis 1744.

Comme leurs titres primitifs ne donnaient point de bornes à leurs vastes étendues, elles tombent d'accord sur les points où doivent être posées les limites ; et il ne s'agit plus que de les constater par écrit, afin de pouvoir les retrouver ultérieurement.

Elles procèdent à un bornage le 25 octobre 1621 ; elles se

gardent bien d'y appeler les abbés de Capbis, ou ce qui plus vrai est, c'est que le territoire de Capbis était encore en leur pouvoir, les troubles de la religion n'étant pas encore passés. Quoi qu'il en soit, elles ne l'osèrent pas exciper à la justice, car l'arrêt de 1662 n'en fait pas mention.

Elles renouvellent ce bornage le 2 juillet 1663, sans appeler également les abbés de Capbis. Ce nouveau procès-verbal, qui n'est que la reproduction exacte de celui de 1621, porte, article 14, que l'acte qu'elles avaient fait en 1467 était égaré.

Voici comment se termine ce procès-verbal : « *Et deud. hau* » *de croulx estans bachats au cap de la canau de Lébé, s'es* » *troubat termy ficat enter deux goutils, auqual se sou troubades* » *dues croulx qui sou estades approuvades et renouvelades, et* » *lad. Canau de Lébé es termy* entro au prat de Capbis.

» *Et d'autant que le sieur Abbat de Saubalade a feit procès* » *à lasd. communautats sus la jouissence deud. Capbis ainsy,* » *qu'es estad dit enter losd. Jurats et habitants, fo restat no* » *procedar au plus aban aud. estermiamen. Et touts los précé-* » *dents articles aben estats léguts de mot à mot et en présence* » *deussuds. Jurats, gouardes et habitans, au cap de lad. canau* » *de Lébe auprés deusd. deux goutils, aquels son estats approu-* » *bats et forestat de en baillar copie à chacune de lasd* » *communautats.* »

Les trois communautés représentées en cet acte n'ont pas besoin de savoir où doit arriver le territoire de Capbis ; mais ce qu'elles ont soin de déclarer, c'est qu'elles sont en procès avec M. l'abbé et qu'elles n'ont pas besoin de son concours pour donner toute sa force à leur acte.

Ces délimitateurs gardent le plus strict incognito et se contentent de faire constater par leur notaire, Casabicille, que la limite de leurs territoires sera au pré de Capbis, c'est dire, d'après cet acte, que cinq propriétaires de ce dernier lieu, avec leurs propriétés, devaient être englobés à leurs territoires. Cette masse de soixante hommes *(seixante homis)* des dites trois communautés, constatée dans cet acte, ne voulut point porter ombrage ni aux habitants de Capbis, ni éveiller aucun soupçon en faisant une démonstration imposante ; elle se contente de le clore au haut de la montagne, entre deux pics, dans un bas fonds, ainsi que porte l'acte ci-dessus, et ensuite elle se sépare sans tambour ni trompette.

L'article 17 de ce procès-verbal est le dernier : le pic *Lastaules* ou *Lourau* n'est pas mentionné ; ce pic se trouve au nord de cette dernière borne ; le pic *Hau de Crouts* de l'article 16 se trouve au sud : c'est entre ses deux pics au fond du ravin que fut clôturé l'acte ci-dessus. Ce sont ces deux pics qui forment les *deux goutils*. Nous ferons observer que tous les cantons contigus aux limites sont rigoureusement consignés au dit procès-verbal.

CHAPITRE XV

Procès entre Asson, Bruges et M. d'Incamps de Louvie. Nouvelle délimitation.

La communauté de Bruges qui n'avait obtenu, en 1360, que des droits d'usage sur Asson, devint propriétaire de la moitié des communaux dits d'Asson, par l'acquisition qu'elle fit par l'acte de 1579. Elle transigea avec Asson le 9 janvier 1597, sur le mode de jouissance. C'est depuis cette époque qu'elle tourna ses vues sur le territoire de Capbis pour l'englober aux siens avec ses titres et ses droits.

Pendant ces arrangements, ces deux communautés pensaient à éliminer M. d'Incamps de Louvie, auteur de M. d'Angosse, mais elles ne firent pas attention que ce Monsieur fabriquait du fer et qu'il était revêtu d'une épaisse cuirasse de ce métal. L'affaire fut portée devant le Parlement de Toulouse, qui, par son arrêt du 10 septembre 1648, maintint M. d'Incamps de Louvie, provisoirement et jusqu'à plus ample instruction, sur l'opposition des dites communautés, au droit de couper du bois pour le chauffage de sa forge, à la charge d'en user modérément et sans préjudicier aux usages des dites communautés. Cet arrêt, ayant, en outre, été rendu sur d'autres chefs de contestations pendantes entre M. d'Incamps de Louvie et les deux communautés, toutes parties préférèrent de tout terminer par transactions que de continuer leurs débats judiciaires.

En conséquence, une première transaction intervint le 8 août

1656, entre la communauté d'Asson et M. d'Incamps de Louvie, qui mit fin à tous les différends encore pendants entr'eux et qui stipula, en outre, que pour tous les chefs déjà décidés par le dit arrêt du 10 septembre 1648, cet arrêt, par commun accord des parties, sortirait à effet.

M. d'Incamps de Louvie transigea également avec la communauté de Bruges, par acte subséquent du 14 juillet 1660; il fut stipulé que les habitants de Bruges ne porteraient jamais aucun obstacle au sieur d'Incamps de Louvie, ni à ses successeurs quant à la possession et jouissance de la coupe de toutes sortes de bois, dans toute l'étendue des montagnes, forêts et vacants du lieu d'Asson, soit pour l'usage, subsistance et entretien de la forge d'Asson, fonte et fabrique de fer, soit pour réduire le dit bois en charbon, sans restriction, exception ni limites; et, par ce moyen, les dispositions du susdit arrêt du 10 septembre 1648, touchant l'usage des bois accordés au dit sieur d'Incamps, passaient en définitive. La dite communauté de Bruges, ne se réserva, par cette transaction, que le droit de prendre du bois pour ses besoins, et s'interdit ni d'en donner, ni d'en vendre à des étrangers.

Le 21 juillet 1735, les trois communautés d'Asson, de Bruges et de Louvie procédèrent au renouvellement du bornage ; mais, comme précédemment, elles n'appelèrent point ni M. d'Incamps ou M. d'Angosse, son représentant, ni la communauté de Capbis. Elles ne font que recopier celui de 1663, qu'elles reproduisent en entier, et font aussi arriver la limite au pré de Capbis. Elles le dirent au bas-fond du même ravin et terminent ainsi leur procès. verbal : « *Seinx préjudice à las dites communautats de procedar* » *incessament à la vérification de las autres bornes despuix lo* » *dit prat de Capbis.* »

Ce sont ces actes de bornage qui ont eu assez de poids pour attribuer au territoire d'Asson le tènement *Le Lourau* de 1723, qui en définitive, est devenu la proie de Bruges par le partage qui vient de s'opérer (1866).

CHAPITRE XVI

Etablissement de l'impôt foncier.

Une ère toute nouvelle devait changer en France, la forme du

gouvernement. On aurait pu, sans doute, y apporter des modifi-
cations plus humaines, mais des hommes ambitieux s'emparèrent
du pouvoir, renversèrent la royauté et s'établirent les arbitres
souverains des Français dont ils avaient su capter la confiance.

Tout fut ébranlé par ce gouvernement nouveau, mais comme
d'autres plumes très éloquentes en ont fait le portrait fidèle, nous
nous contentons de le nommer aussi le règne de la terreur, et
nous dirons : cette révolution fit trop de bien pour en dire du
mal ; mais elle fit aussi trop de mal pour en dire du bien.

Parmi les lois qui sortirent du sein de la Convention nationale,
nous citerons la loi du 14 septembre 1791, qui divisa le territoire
français en départements, en districts (arrondissements), en cantons
et en communes qui aujourd'hui sont à peu près les mêmes, et
forma l'établissement de l'impôt foncier par lequel chaque citoyen
est appelé à concourir au paiement des charges de l'Etat dans
les proportions de sa fortune.

Par suite de cette division territoriale et de l'établissement
d'impôt, chaque commune de France dût présenter son livre terrier
ou censier, que l'agent municipal de chaque localité s'occupa de
dresser avec l'assistance des commissaires répartiteurs.

Nous terminons cette notice par le tableau de la propriété territoriale de Capbis, tel que nous l'avons puisé dans les pièces
des procès, et aux cadastres et livres terriers, à leurs différentes
époques.

TABLEAU PRÉSENTANT LES CONTENANCES DU TERRITOIRE DE CAPBIS.

1° 1660.

Administration des Abbés commendataires, d'après la requête de M. l'abbé de Boyer, en 1661. — Plus de mille arpents : soit 380 hectares environ.

2° 1792.

Administration locale (Maires). — Administration de M. Lalanne, Maire. — (Extrait du livre terrier du canton de Nay (Ouest). — Capbis.)

Contenance totale	Arpents		Escats			Revenu	
	49 arp. 3|4	44	Prairies arrosables par ruisseaux à 6 fr.	299 fr.	03e
618 a. 1|4	265	1|4	06	Fonds labourables en côteaux à 4 fr.	4,064	05
	300	0|4	00	Fonds communaux à 1 fr.	300	00
	3	0|4	44	Terres vaines et vagues à 0 fr. 04	00	42
Pour le contingent de la commune de Capbis sur la montagne d'Asson						26	00
					Total	4,686 fr.	20e

3° 1827.

D'après la matrice cadastrale dressée le 28 avril 1827. — 117 hectares 93 ares 10 centiares ; juste la contenance prédite par Bruges, en sa requête de 1660.

Pour extrait conforme arrêté par l'administration municipale, le 2 fructidor an V.

Signé : J. du CAPDEBOSCQ.
Secrétaire en chef.

www.ingramcontent.com/pod-product-compliance
Lightning Source LLC
Chambersburg PA
CBHW061230030726

47595CB00004B/1457